멘토가 신바람을 일으킨다

멘토가
신바람을
일으킨다

나병선 황동조 유수정 지음

21세기북스
www.book21.com

가끔 교육생들에게 이런 질문을 해본다.

"퀴즈를 하나 내겠습니다. 서울 광화문에서 부산 APEC 회의장까지 가장 쉽게 가는 방법은 무엇일까요?"

교육생들은 웅성대다가, 다음과 같이 다양하게 답변한다.

"그야 고속전철 KTX를 타고 가는 게 제일 빠르겠죠."

"인천공항까지 전철을 타고 가서, 비행기를 타고 김해 비행장에 내려, 부산 APEC 회의장까지 가면 됩니다."

"그래도 승용차를 타고 경부고속도로로 가는 게 제일 쉽겠죠."

이때 또 다른 방법이 없겠느냐고 물으면 고속버스며 헬리콥터까지 이야기한다. 그러나 그것이 정답이 아니라고 하면 교육생들은 다시 심각하게 생각한다. 그러다 한참 시간이 지나면 누군가 손을 들고 말한다.

"마음이 맞는 사람과 함께 가는 겁니다. 어떠한 교통수단이든 맘에 맞는 사람과 함께라면 가장 재미있고 쉽게 갈 수 있을 겁니다. 거기에 동반자가 APEC 회의장을 한번 가본 경험이 있어서 자상하게 설명까지 해준다면 더욱 좋을 거고요."

그렇다. APEC 회의장까지 쉽게 가는 것은 교통수단의 문제가 아니다. 교육생들은 이 답을 듣고는 고개를 끄덕이면서 교통수단보다도 누구와 가느냐가 더 중요하다는 사실을 인정한다.

APEC 회의장까지 가는 것은 몇 시간이면 갈 수 있는 거리이지만, 몇 년 또는 수십 년을 가야 할 직장생활이나 인생에 있어서 마음에 맞는 동반자가 있다면 얼마나 좋겠는가? 특히 조직에 갓 입사한 새내기의 경우에는 더욱 그러하다. 두렵고 설레는 마음으로 입사를 했는데, 믿고 의지할 만한 사람이 없다면 얼마나 두렵고 힘이 들겠는가? 이때 직장생활과 직무에 경험이 많은 선배가 나를 전적으로 믿어주면서, 내 편이 되어 조직문화와 직무 등을 적극적으로 지원해 준다면 얼마나 신이 날까? 신입직원뿐만 아니라 기존의 직장인에게도 경력개발을 위해 정기적으로 상담과 조언을 해주는 선배가 있다면 얼마나 좋을까?

신입직원이나 기존직원이나 안심하고 능력을 발휘하면서 신바람 나게 일을 하려면 어떻게 해야 할까? 어떤 사람은 직장에서 신바람 나게 일을 하면서 능력 발휘를 하고 있는데, 어떤 사람은 왜 직장에 출근하기가 싫고 직장생활이 지긋지긋하게 여겨질까?

이 문제를 시원하게 풀어줄 대안이 있다. 바로 멘토링이다. 멘토링이란 경험과 인품을 갖춘 멘토가 배우고자 하는 멘티를 인격적으로 존중하면서 잠재능력을 개발하는 상호 학습활동이다.

이 책은 개인의 행복과 조직의 성과향상을 동시에 이룰 수 있는 나침

반의 역할을 한다. 1부 '멘토를 찾아라'에서는 멘토링은 무엇이며, 어떠한 효과를 얻는지, 그리고 훌륭한 멘토의 특성과 멘토를 찾는 방법을 설명하였다. 2부 '신바람 멘토가 되어라'에서는 멘토링 활동을 해나가는 전략에 대해 언급하여, 멘토와 멘티의 역량을 증진하고 신바람 나는 조직문화를 형성하는 데 도움이 되도록 하였다.

특히 멘토링코리아컨설팅에서 멘토링 도입 및 촉진교육을 통하여 교육생으로부터 얻은 300여 개의 실제적인 멘토링 실천계획과 구체적인 아이디어를 실어, 멘토링 활동을 하는 멘토와 멘티에게 많은 참조가 되도록 하였다. 그동안 멘토와 멘티들이 멘토링 활동에 참고할 만한 서적을 목마르게 기다리는 것을 목격하였다. 이에 공동저자 3인이 보고만 있을 수 없어 함께 힘을 모아 우리나라 최초의 멘토링 활동 지침이라 할 수 있는 이 책을 완성하기에 이르렀다. 이 책이 우리나라 멘토링 역사에 하나의 획을 긋기를 바란다.

멘토링 활동 아이디어를 솔직하게 발표해 준 멘토와 멘티들에게 깊은 감사를 드리며, 이 책을 통해 우리나라 많은 조직에서 멘토와 멘티의 멘토링 활동이 신바람 나게 되기를 바란다.

멘토를 잘 찾아야 성공한다. 그리고 자신도 존경받는 멘토가 된다면 큰 영광일 것이다. 이 책을 멘토와 멘티, 교육담당자 그리고 멘토링을 사랑하는 모든 분들에게 바친다.

멘토링의 축복이 내리는
2006년 새 봄을 기다리며
나병선, 황동조, 유수정

| 차례 |

서문

1부

멘토를 찾아라

1장

멘토를 잘 만나야
성공한다

지혜의 본질은 배우는 법을 배우는 데 있다.

베르톨트 브레히트

1 회사를 그만두겠다는 선배

좌절과 방황의 직장생활 1년

"뭐라고? 회사를 그만둔다고?"

승진이 형이 동그랗게 놀란 눈으로 병만이 형을 바라보면서 소리를 질렀다. 나도 믿을 수가 없었다. 그렇게 자신만만하던 병만이 형이 회사를 그만두겠다니……

"정말로 그만둘 거니?"

승진이 형은 재차 질문을 했다.

"그래, 도저히 못 견디겠어. 이건 완전히 엉망진창이야. 내가 바라던 직장이 아니야!"

1년 전 우리에겐 선망의 대상이었던 일류 전자회사에 당당하게 입사를 해서, 바로 이 횟집에서 멋지게 입사 턱을 냈던 병만이 형이다. 입사한 지 이제 1년인데, 그 좋은 회사를 그만두겠다니, 나로서는 도저히 이해가 가지 않았다.

"너 결국 때려치울 거니? 언젠가 회사생활 재미있냐고 물었을 땐 견딜 만하다고 했었잖아."

승진이 형의 질문에 병만이 형은 아무 말도 못하고 애꿎은 소주만 들이켰다.

"병만이 형! 좋은 회사잖아요. 그리고 연봉도 많이 받는다고 하지 않았나요?"

나는 병만이 형에게 물었다.

"그래, 좋은 회사지. 그런데 나는 더 이상 못 견디겠어. 정말 그만둘 거야!"

"이제 와서 그만둬? 아무리 힘들어도 네가 참고 견딜 줄 알았는데……. 너 지난번에 만났을 때 큰소리쳤잖아, 그 회사에서 성공할 거라고. 그런데 상사랑 아직도 사이가 안 좋은 거야?"

승진이 형의 말로 미루어 보아, 병만이 형은 상사와의 관계에 어려움이 있었던 것 같았다.

그래도 그렇지. 병만이 형은 대학 시절 우리 과 최고의 모범생이었다. 학교 성적도 좋았고, 서클에서도 단연 최고의 인기를 누렸으며, 후배들에게도 존경의 대상이었다. 마음이 따뜻하고 부드러웠으며, 한국 전자업계의 현황과 미래에 대한 이야기도 해주곤 해서 후배들이 매우 좋아했던 선배다. 형이 한국 굴지의 전자회사에 입사한 후, 나도 그런 회사에 꼭 입사하고 싶었는데……. 그렇게 멋있던 병만이 형이 왜 저러는 걸까.

"그래, 나도 1년간 죽도록 고생하고 이제 와서 회사를 그만두자니 너무 억울하다."

병만이 형은 다소 격앙된 목소리로 말을 이어갔다.

"그런데 말이야. 이제는 더 이상 못 참겠어. 나의 사수인 최 대리마저도 내겐 무관심이야. 자기 일이 너무 바쁜 것도 이유겠지만 나를 은근히 무시하는 것 같아. 업무도 한 번 가르쳐주고는 그 뒤에 발생하는 문제에 대해서는 전혀 무관심이고, 업무 독촉이 너무 심해. 지난 1년간, 나도 죽을힘을 다해 노력했어. 새벽부터 밤늦게까지 게으름도 피우지 않고 열심히 일했단 말이야. 그런데 엊그제 회사에서 과장한테 무슨 말을 들었는지 알아?"

우리는 아무 말 없이 다음 말을 기다렸다. 병만이 형도 아무 말 없이 소주만 연거푸 들이켰다. 세 사람은 서로 말없이 소주잔만 기울였다. 거나하게 술기운이 올랐다.

나는 지금 내가 좋아하던 대학 시절의 두 선배에게 입사 턱을 내는 중이다. 처음 만났을 때에는 꿈과 희망을 가지고 열심히 직장생활을 하라는 두 선배의 격려를 받으며, 스스로가 대견하고 자랑스럽기까지 했다. 그런데 갑자기 회사를 그만두겠다는 병만이 형의 말에 들뜬 기분은 어느새 사라지고, 긴장감이 돌기 시작했다.

나는 높은 경쟁률을 뚫고 내가 원하는 자동차회사에 합격해서, 온 세상을 얻은 듯 기대감에 부풀어 있다. 그래도 병만이 형이 다니고 있는 전자회사에 대해서는 좋은 회사라고 생각하고 있었다.

"나보고 업무 감각이 둔하다는 거야. 다른 동기들에 비해 기획안 작성이 늦고 조사분석 보고서도 감각이 떨어진다면서, 정말 나보고 최선을 다하는 거냐고 의심하는 거야."

병만이 형은 길게 한숨을 내쉬었다.

"사실 나는 죽어라고 한 거거든? 그런데도 다른 동기들이 나보다 한발 앞서가니, 내가 정상적으로 간다고 해도 상대적으로 뒤처져 보인단 말이야. 이러한 심정을 누구에게 하소연할 수도 없고, 하소연해 봤자 나만 바보가 될 게 뻔하거든."

병만이 형은 나무젓가락을 우두둑 부러뜨리며 얼굴을 찌푸렸다.

"그렇다고 내가 비정상이냐면 그것도 아니야. 난 정상적으로 스케줄에 맞춰서 제대로 꼼꼼하게 처리했단 말이야. 그런데도 다른 동기들보다 좀 늦게 처리한다는 이유로 언제나 뒤처져 보이니, 그 스트레스 때문에 요즘 미치겠어. 이건 전쟁이야. 전쟁도 무시무시한 전쟁이야. 이 전쟁터에서는 결코 살아남을 수가 없을 거야."

병만이 형은 겁에 질린 듯 말을 이었다.

"망망한 태평양 바다 한복판에 외로이 떠 있는 돛단배에 탔는데, 갑자기 태풍이 휘몰아치는 기분이야. 무시무시한 파도가 배 안에까지 들이치고, 돛대는 이미 꺾이고……."

병만이 형의 눈가에는 절망과 포기의 그림자가 암울하게 드리워져 있었다.

"도대체 내가 어떻게 해야 해, 어떤 대책을 세워야 할지, 도저히 감이 안 잡혀."

병만이 형의 말이 울음 섞인 하소연처럼 들렸다. 우리는 침통한 분위기 속에 연거푸 술잔만 비웠다.

"이럴 수가, 그 좋은 회사에서도 그런 일이 벌어지고 있구나."

나는 속으로 중얼거렸다. 그래도 나는 병만이 형을 이해할 수가 없었다. 그렇게 직장생활이 힘드나? 회사를 그만둘 만큼 힘들단 말인가?

이때, 나는 승진이 형의 직장생활은 어떤지 궁금했다.

신나고 즐거운 직장생활 1년

"승진이 형, 형은 직장생활이 어때요?"

나의 질문에 승진이 형은 난처한 듯 한동안 말이 없었다. 승진이 형은 술을 들이킨 뒤, 병만이 형을 바라보며 질문했다.

"병만아, 네가 회사를 그만둔다는 사실을 네 멘토는 알고 있니?"

순간 병만이 형은 눈을 동그랗게 뜨고 되물었다.

"멘토? 멘토가 누구니?"

승진이 형은 어이없는 듯 멈칫하더니, 이내 천천히 설명해 주었다.

"네가 입사할 때, 너의 직장생활에 도움을 주기 위해 회사에서 후견인으로 짝지어준 선배 말이야."

"그런 게 있다는 얘긴 처음 듣는데?"

병만이 형은 멘토라는 얘기를 처음 듣는 것 같았다.

"그럼 넌 그 멘토라는 게 있니?"

"그래, 우리 회사에서는 내가 입사하던 해에 멘토 한 명을 연결해 주더라고. 그래서 지난 1년간 매주 한 번씩 만나서 상담도 하고 도움도 받았지. 특히 회사생활에 적응하기 어려울 때 많은 도움이 되더라. 나도 입사 초기에는 힘든 고비가 있었어. 그때마다 멘토가 나에게 도움을 주고 자신감을 일깨워주었지. 그래서 입사 1년이 지난 지금은 매우 즐겁고 재미있게 직장생활을 하고 있어."

"직장생활이 즐겁고 재미있다고? 정말이냐?"

병만이 형은 믿을 수 없다는 듯이 고개를 갸우뚱했다.

"그래, 나의 멘토는 내 인사고과와 상관이 없는 다른 부서의 선배 사원이기 때문에 전혀 스트레스를 주지 않아. 직장 문화에 대해서나 업무지도에 대해서 아무 거리낌 없이 물어볼 수 있고, 내가 힘들 때 어떤 문제든지 상의할 수 있지."

"다른 부서의 선배 사원이 업무지도를 해준다고? 그런 게 가능해?"

"그것을 멘토링 제도라고 해. 우리 회사는 멘토링 제도를 도입해서 올해는 회사 차원에서 멘토 찾기 운동을 벌이는 중이야."

"멘토 찾기 운동? 그게 뭔데?"

"누구나 직장생활을 하면서 어려움을 겪지 않을 수는 없잖아. 그때마다 도움을 요청하고 상담을 받으면서, 자신의 잠재능력을 개발하고 형제나 친구처럼 편하게 지낼 수 있는 선배를 한 명씩 찾자는 운동이야. 특히 자신의 경력개발을 위해 도움이 되는 멘토를 찾아 지도를 받음으로써, 직장생활을 발전시키고 성공을 보장받자는 운동이라고 할 수 있어."

"자기 업무만 해도 바쁠 텐데, 누가 멘토를 하겠다고 나서겠니?"

"물론 그런 생각이 들 거야. 특히 후배인 멘티가 원하는 멘토는 모두가 능력을 인정받는 선배이니까 대부분 바쁘지.

하지만 우리 회사에서는 이미 많은 멘토를 양성해서 확보해 놨거든. 그래서 내가 입사할 때, 2~3명의 선배 중 선택하도록 해주었는데, 그중 한 명의 선배와 연결이 되었어. 그래서 인지 지난 1년 동안 업무는 물론 회사생활에 대한 모든 일들이 신났고, 자신감 있게 진행할 수 있었지."

병만이 형은 놀랍다는 듯이 말했다.

"아, 그랬었구나. 그래서 네 표정이 밝고 걱정이 없어 보였구나."

병만이 형의 말에 승진이 형은 웃으며 말을 이었다.

"멘토 덕택에 지난 1년 동안 대구의 공장에서 근무하면서, 현장에서의 실력과 감각을 키웠지. 그리고 드디어 다음달부터 서울 본사로 올라오기로 발령 받았어."

"와! 그래? 정말 축하한다. 홀어머니 때문에 서울에 올라오고 싶다고 하더니, 이제 대구에서의 기숙사 생활도 끝이네? 축하한다, 승진아."

"고맙다, 병만아."

우울하던 술자리는 즐거운 분위기로 바뀌는 듯했다.

"그런데 승진아, 어떻게 서울 본사로 오게 됐니?"

"물론 나도 처음엔 지방에서 서울 본사로 올 수 있으리라고는 생각 못했어. 그런데 멘토와 매주 한 번씩 만나서 멘토링을 하면서 장기적인 전략을 수립하게 되었지."

"장기적인 전략?"

"그래, 1년간의 장기적인 전략 말야. 나의 멘토는 나와 함께 1년 동안의 멘토링 활동 계획을 수립했지. 먼저 우리 회사의 조직문화와 담당업무를 빨리 숙지해서 현장에서의 실력을 인정받기로 했어. 그리고 멘토가 매주 주말마다 내가 옮기고 싶어하는 서울 본사에서 할 업무를 틈틈이 학습하도록 도와줬어. 그래서 1년간 열심히 이 두 가지를 완벽히 해내고 나서, 멘토와 함께 우리 팀 팀장에게 내 진로와 경력개발에 대해 의논했지. 그 결과 엊그제 서울 본사 발령이 결정난 거야. 모두 다 멘토 덕택이지."

"정말 잘됐구나. 좋겠다, 승진아."

순간 병만이 형의 얼굴은 부러움으로 가득했다. 그리고 결심한 듯 말했다.

"나, 당장 회사를 그만둘 거야. 그리고 멘토링 제도가 있는 너의 회사에 재도전할 거야."

결의에 찬 목소리로 병만이 형이 건배를 제의했다.

"그런데 병만아, 그 문제에 대해서는 너의 멘토와 상담을 해보는 게 어떻겠니?"

"나의 멘토? 내겐 멘토가 없잖아?"

"물론 지금은 없지. 하지만 이제부터 찾으면 되잖아."

"이제부터 찾으라고? 어디에서?"

"네가 근무하는 반도체 1팀이 아닌 2팀이나 3팀의 선배 중에서 찾으면 돼. 성품과 역량이 훌륭하다고 인정을 받는 선배 2~3명을 물색해 봐. 그리고 정식으로 찾아가 너의 멘토가 되어달라고 부탁해 봐. 그러면 아마도 멘토가 되어줄 선배가 있을 거야."

"정말 그렇게 될까?"

"그래, 자신감을 가지고 한번 찾아봐."

"좋아, 해보지. 그런데 승진아, 부탁이 있는데."

"뭔데?"

"네가 아는 대로 멘토링에 대해 설명해 줄 수 있겠니?"

"그래, 멘토링에 대해서는 작년에 입사할 때 이틀간이나 교육을 받았어. 그때 받은 멘토링 교재도 있고, 사실 나도 멘토링에 대해 연구를 좀 했거든. 언제 우리 집에 한번 올래?"

"물론 가야지. 내일 당장 가면 안 될까?"

"그래. 마침 토요일이고, 나도 시간이 비어 있어. 그럼 내일 오전 10시쯤에 우리 집으로 와라."

나는 나도 모르게 두 선배의 대화를 숨죽이며 듣고 있었다. 그리고 내일 두 선배가 할 이야기가 궁금해졌다.

"승진이 형, 나도 가면 안 될까?"

"물론 괜찮지. 너도 곧 신입사원이 될 테니까 배워두면 좋을 거야. 내일 우리 집으로 와. 함께 멘토링에 대해 이야기해 보자."

세 사람은 밝은 표정으로 건배했다.

"철민아, 오늘은 너의 입사 축하를 위해 모였는데, 내 문제에 대해서만 이야기했네. 미안해서 어쩌지?"

갑자기 병만이 형이 머리를 긁으면서 계면쩍게 나를 바라보았다.

"아니에요, 병만이 형. 저도 입사하는 대로 꼭 멘토를 찾아야겠다는 생각이 들었어요. 우선 내일 승진이 형한테 멘토링에 대한 기본 이론과 멘토를 찾는 방법을 배워야 할 거구요."

"그래. 잘 생각했어. 이미 세계적으로 우수한 회사들은 멘토링을 도입하고 있다더라. 신입사원 시절에 멘토가 있고 없고는 직장에서의 성공을 좌우하지."

"자, 우리의 멘토를 찾아서 파이팅!"

세 사람의 건배 소리가 높게 울렸다.

다음날 오전 10시, 승진이 형의 집에 모인 우리의 기분은 매우 좋았다.

"승진아, 우리가 배울 내용이 어떤 거니?"

"응, 먼저 멘토링이란 무엇인지, 그리고 멘토링 제도는 어떻게 발전해 왔고 운영되는지에 대해 말해 줄게."

"그거 재밌겠는데?"

우리는 고개를 끄덕였다.

"그러고 나서 멘토를 찾는 방법에 대해 알려줄게."

"난 그것에 관심이 많아."

우리의 눈동자가 빛났다.

"너희들도 1년간 멘토링을 받은 후에는 당당하게 멘토가 되어야 하거든? 그래서 멘토가 되기 위한 기본 조건과 멘토링 활동에 대한 전략을 설명해 줄게."

"그래? 내용이 많지 않을까?"

"그래, 그러니까 오늘 하루는 우리 집에서 지내야지."

"좋아, 승진이의 교육이 매우 기대가 되는걸? 이 교육이 끝나면 내가 한턱 쏠게."

병만이 형이 활짝 웃으며 말했다.

"좋아, 그러면 교재를 보면서 시작해 볼까?"

2 이제는 멘토링 리더십이 필요하다

멘토링 리더십

21세기는 리더십전쟁의 시대라 한다. 한편으로는 인재전쟁의 시대라고도 한다. 이러한 전쟁에서 살아남으려면 어떻게 해야 할까? 이 시대에 가장 최적화된 리더십을 갖추어야 할 것이다.

그렇다면 최적화된 리더십은 어떠한 리더십일까? 그러한 리더십을 갖춘 리더는 어떤 사람일까?

전쟁과도 같은 직장생활에서 나를 보호하고 이끌어주는 사람을 멘토라 한다. 그 멘토는 어떤 사람일까?

"인생의 고비에서 위로와 충고를 해줄 멘토가 필요한가?"

《머니 투데이》가 30~40대 직장인을 대상으로 2004년 3월에 실시한 설문조사에서 응답자의 88퍼센트가 그렇다고 대답했다.

누구나 인생을 살다 보면 고비를 맞게 된다. 요즘처럼 격변하는 시대에는 매달, 매주, 매일이 인생의 고비인 것 같다. 이럴 때 맘 놓고 찾아가서 고비를 넘길 방법을 함께 의논할 사람이 있었으면 좋을 것이다. 만나지 못하면 전화나 이메일도 좋고, 문자메시지여도 상관없다. 진심으로 마음을 열고 고민을 들어주며 자신을 이해하고 지지해 준다면 문제를 해결해 나갈 수 있을 것이다.

우리가 위인이라고 부르는 세계적인 인물들도 멘토를 두고 있었다. 위대한 철학자 플라톤은 소크라테스를, 헬렌 켈러는 설리번을, 『동의보감』으로 유명한 허준은 유의태를, 올림픽 탁구 금메달리스트 유승민은 김택수를 멘토로 두고 있었다.

TV 드라마 '대장금'에선 장금을 키워낸 한 상궁, 세계 무대에서 코리안 파워를 펼쳐 보이고 있는 성악가 조수미는 카라얀, 축구 스타 박지성은 히딩크를 그들의 멘토로 삼았다. 만약에 설리번이 없었다면 헬렌 켈러가, 유의태가 없었다면 허준이, 한 상궁이 없었다면 대장금 같은 인물이 탄생할 수 있었을까?

성공하려면 '멘토'가 있어야 한다!

"만일 멘토가 있다면 의논하고 싶은 주제는?"

이 설문에 대해 응답자의 63퍼센트가 직장생활에서의 문제라고 답했다. 아무래도 직장에서 받는 스트레스와 고민거리가 가장 큰 모양이다. 하기야 구조조정이니 명예퇴직이니, 마음 편할 날이 없는 살벌한 분위기 속에서 일하려니 힘들 수밖에 없다.

두 번째 고민거리는 삶의 가치관(30%)에 대한 것이었다. 요즘처럼 가치관이 혼란스러운 시기도 없는 것 같다. 기술이 좋아도 나이 때문에 직장에서 물러나야 하고, 나이가 젊고 대학을 나왔어도 취직하기가 낙타가 바늘구멍 통과하는 것과 같으니, 도대체 무얼 해 먹고 살란 말인지. 개인은 개인대로, 기업의 사장은 사장대로 힘든 시대에 살고 있다.

오죽 살기 어려우면 자식 낳고 키우기가 걱정이 되어, 우리나라 신생아 출생률이 세계에서 가장 낮을까. 보험금을 타기 위해 남편이 아내를, 아내가 남편을 살해하고, 가족이 함께 한강에 투신하는 시대니 말이다. 가치관의 모델이자 인생의 나침반이 되어줄 멘토가 있다면, 진지하게 의논하고 싶을 것이다.

건강 및 가족과 같은 문제로 고민하는 사람은 응답자의 4퍼센트밖에 되지 않았지만, 이에 대한 고민거리도 만만치 않을 것이다.

"당신이 힘들 때 당신의 정신적 조언자는?"
이 설문에서는 직장선배나 동료(33%)라는 대답이 가장 많았다. 사람들은 가족(22%)이나 친구(21%)보다도 직장에서 정신적 조언자를 찾고 있었다. 그것은 직장에서의 고민거리가 가장 많은 것과 무관하지 않을 것이다.

"당신이 위기의식을 느낄 때 해소 방법은?"
이 설문에서 멘토와 대화를 한다(44%)는 응답이 가장 많았다. 취미생활로 푼다(27%)거나 혼자 속을 끓이는 사람(13%)도 있었고, 술과 담배로 풀 수밖에 없는 안타까운 사람(3%)도 있었다.
멘토와 고민을 이야기하는 사람이 많다는 것은 정말 다행이다. 그러나 아직도 절반에도 못 미치는 숫자이니 안타까운 실정이다.
두려움과 고민에 휩싸일 때 자신의 편에 서서 도와줄 수 있는 멘토. 이 시대를 사는 우리들에게 절실히 필요한 존재가 아닐까?

사람을 움직이게 하는 영향력을 리더십이라 한다. 그렇다면 사람을 움직이게 하는 영향력은 어디에서 생기는가? 그것은 사람의 마음을 움직이게 하는 리더의 가슴으로부터 나온다. 그리고 사람의 마음을 움직여 스스로 올바른 행동을 찾아 행하게 하는 힘은 인간의 본성에 호소하는, 인간의 존재 자체를 중시하는 인간존중의 정신으로부터 나온다.

우리는 이 시대를 살아가는 모든 리더와 직장인들의 고민을 풀어가는 하나의 방안으로 멘토링 리더십(Mentoring Leadership)을 제시하고자 한다.

멘토링 리더십은 인간존중으로 시작하며 사람의 마음을 움직이는 매우 효과적인 리더십이기 때문이다. 지금 세계는 사람을 움직이는 것이 곧 사람의 가슴임을 인식하고, 세계적인 기업들은 사람의 가슴을 움직일 수 있는 인재개발전략에 기업의 사활을 걸고 있다. 그리고 많은 연구기관과 영향력이 있는 리더십 전문가들이 효과적인 인재개발 전략으로 멘토링 리더십을 제시하고 있다.

멘토링 리더십이 어떤 것인지 이해하기 위해서는 먼저 멘토링(Mentoring)이 무엇인지 알아야 한다. 멘토링은 오늘날 전세계적으로 각광받고 있는 인재개발제도이다. 세계적인 경영학의 구루 피터 드러커(Peter F. Drucker)는 멘토링 시대의 개막을 예언하면서, 인재개발의 가장 강력한 도구로 멘토링 제도를 추천하였다. 또한 미국산업훈련협회(ASTD : American Society for Training and Development)는 2003년 멘토링 결과 보고에서 다음과 같이 발표했다.

"멘토링은 지식경영과 학습조직이라는 두 마리 토끼를 잡는 실적을 거두었다."

그리고 《포춘》지 선정 500대 기업의 임원들에게 설문조사한 결과, 97퍼센트가 "회사에서 성공하는 데 멘토링이 큰 도움을 주었다."고 응답했으며, 95퍼센트가 "멘토링 덕분에 회사에서 최선을 다하게 되었다."고 말했다.

이 같은 사례에서 확인된 바와 같이, 멘토링 제도는 21세기 리더십전쟁 시대에 조직에서 생존하고 성장하게끔 하는 매우 효과적인 제도이다.

검증된 제도

멘토링이란 업무나 인생에 있어서 지식과 경험을 가진 멘토가 후배인 멘티에게 일대일로 조언과 도움을 주는 제도이다. 그리고 인생의 진로를 결정하고 경력을 개발하는 과정에서, 먼저 그 길을 걸어간 경험자가 미경험자와 지식과 경험을 공유하는 활동이기도 하다. 이때 멘토가 멘티에게 경험과 지혜를 전수하는 과정은 멘티는 물론 멘토에게도 도움이 되어 같이 성장하고 발전할 수 있다. 이러한 활동은 지식이전과 학습 촉진이라는 두 마리 토끼를 한꺼번에 잡을 수 있는 기회가 되기도 한다.

멘토링은 멘토와 멘티가 믿음과 사랑으로 상호 시너지를 냄으로써, 잠재적인 역량을 개발하고 창조적으로 활동하게 하는 것이다. 멘토링 활동에 의해 얻어지는 효과는 개인의 측면에서나 조직의 입장에서 볼 때 매우 큰 것이다. 인간의 잠재역량을 계발하게 되면 개인적 성공뿐만 아니라 조직에도 크나큰 성과를 가져오기 때문이다.

그렇다면 멘토링은 최근에 갑자기 나타난 이론일까?

아니다. 놀랍게도 이 제도는 3,250여 년이라는 긴 역사를 지닌 무르익은 제도이다. 아주 오랜 세월 동안 깊은 동굴 속에 숨어 있다가, 이제서야 그 광채와 진가를 보이기 시작하고 있다.

멘토링 리더십이란 멘토의 자격을 가진 리더가 멘토링 활동을 통해 개인과 조직의 발전을 추구하는 능력을 말한다. 이를 멘토십(Mentorship)이라 부르며, 멘토링 리더십을 갖춘 리더를 멘토형 리더라 부른다.

멘토형 리더는 역사 속의 멘토를 닮아, 멘티는 물론 많은 사람들에게 존경과 사랑을 받는 리더이다. 또한 멘토형 리더는 인간존중의 가치관을 지니고 멘티의 무한한 잠재능력을 끌어내는 데 능숙하다.

이러한 멘토형 리더에 의해 멘토링을 받는다면, 멘티는 어두운 밤 망망대해에서 경험이 많은 길 안내자를 만난 것과 같아, 안심하고 항해를 계속할 수 있을 것이다.

멘토는 등대와 같다

지식과 경험에 있어서 미숙한 멘티에게, 멘토는 등대와 같은 역할을 한다. 한국 최고의 통신회사인 KT 마케팅 본부의 한 멘티가 입사 후 멘토인 김 과장을 만나 멘토링 활동을 한 소감을 다음과 같이 밝혔다.

"제가 부푼 기대를 안고 입사했던 초기에는 회사생활이 낯설고 두려웠습니다. 그런데 입사 후, 회사의 배려로 멘토를 만나게 되었습니다. 저는 언제든지 궁금한 것이 있을 때 물어볼 수 있는 멘토가 있어, 마음 편히 업무를 배울 수 있었습니다. 그후 저는 멘토와 매주 한 번씩 만나서 회사생활에 대한 궁금증을 풀어갔고, 멘토에게 업무상 어려운 점에 대해서도 도움을 많이 받았습니다. 때로는 직속 상사에게는 말 못할 고민을 멘토에게 털어놓기도 했습니다. 그때마다 고민을 풀어갈 아이디어를 얻어, 회사생활을 활기차게 하고 있습니다.

멘토는 제 회사생활의 스승이자 은인이며 때로는 저의 가장 편한 친구입니다. 무엇보다 10년차 회사 선배의 경험과 지식을 일대일로 전수 받으니, 과외 선생님을 한 분 둔 것 같습니다. 멘토는 어두운 밤에 내가 나아가야 할 길을 안내해 주는 등대와도 같습니다!"

KT에서는 2004년도 9월부터 멘토링 제도를 도입하여 신입사원을 대상으로 멘토링을 실시하고 있다. 멘토는 과장에서 상무까지의 간부 중에서 우수한 사람으로 엄선하고, 선발된 200여 명을 대상으로 2박 3일의 멘토 양성 교육을 통해 멘토를 확보하고 있다. 신입사원이 입사하면, 멘토와 신입사원을 일대일로 연결하고, 1년 동안 멘토링을 실시한다. 이렇게 멘토링 제도의 수혜자가 된 멘티는 KT에 입사하기를 잘했다고 기뻐했다.

3 멘토링의 금맥을 찾아서

멘토는 왕자를 가르친 스승의 이름

멘토는 고대 그리스의 시인인 호머의 서사시 〈오디세이(Odyssey)〉에 나오는 인물로, 이타카 왕국의 왕자 텔레마쿠스를 20년간이나 가르친 스승이다.

이타카 왕국의 오디세우스가 트로이 전쟁에 나가면서 그의 어린 아들인 텔레마쿠스를 친구인 멘토에게 맡겼는데, 전쟁이 끝난 20년 후, 그 아들은 훌륭한 왕이 될 재목으로 성장했다. 20년이라는 세월 동안, 어린 제자를 늠름한 왕으로 키운 왕자 교육이야말로 멘토링의 근본인 것이다.

그러면 스승 멘토가 제자인 텔레마쿠스를 어떻게 지도했

을까? 멘토의 교육이념과 정신을 발전시켜 왕자 교육법으로 전승·발전시킨 것이 바로 '멘토링'이다.

멘토의 교육 방법은 인격을 존중하면서 잠재능력을 개발시키는 일대일 대화식 교육이었다. 그들은 함께 대화하면서 생각과 경험을 자유롭게 나누었다. 스승은 설명과 질문을 통해 제자의 상상력을 최대한 발휘시켰고, 서로의 생각이 다를 때에는 뜨거운 토론을 벌였다. 또한 논리적 사고, 철학적 깊이, 수학적 정확성에 중점을 두고 텔레마쿠스를 가르쳤다.

멘토는 왕자 교육이라는 임무를 최선을 다해 수행했다. 그후로 멘토라는 이름은 '지혜와 신뢰로 한 사람의 인생을 이끌어주는 훌륭한 지도자'라는 의미로 사용되게 되었다.

멘토와 텔레마쿠스의 이야기를 처음으로 소개한 사람은 17세기 프랑스의 페늘롱(Fenelon)이다. 그는 루이 14세의 손자를 가르치는 스승이었다. 페늘롱은 미래의 프랑스 왕이 될 제자를 어떻게 지도할 것인지를 두고 고심하다가 멘토와 텔레마쿠스의 교육방식에 관심을 기울이게 되었다. 그리고 1699년 최초의 멘토링 소개 서적인 『텔레마쿠스의 모험(Aventures de Télémaque)』이라는 책을 썼다.

20세기에 들어와 멘토링에 대해 학계에서 관심을 기울이게 되는데, 1978년 예일대의 레빈슨 교수가 『인생의 4계절

(The Seasons of Man's Life)』이란 책을 저술하였다.

레빈슨 교수는, "청소년기를 지나 성인기로 들어가는 젊은 이들에게 좋은 멘토가 없는 것은 어린이에게 좋은 부모가 없는 것과 같다."고 하였다. 그는 또한 성공한 비즈니스맨들에게 훌륭한 멘토가 있었음을 지적하고, 중요한 것은 미래의 진정한 멘토를 찾는 것이라 했다. 인생에서 길 안내를 해 줄 훌륭한 멘토를 찾는다는 것은 성공으로 가는 지름길이라는 것이다.

1982년에 브리티시 컬럼비아대의 윌리엄 그레이 교수가 멘토링 관련 논문과 서적을 대량으로 출시하면서 멘토링이 대중화되기 시작했다. 그리고 2000년에는 하버드대 레너드 교수가 실리콘 밸리의 벤처 창업자들을 위한 연설에서, "멘토는 사업의 성공과 실패를 결정짓는 중요한 역할을 한다."고 강조했다. 그후 많은 기업들이 멘토링을 기업에 적용하기 시작했다.

멘토링이 가장 발달된 나라는 미국이다. 미국에서는 1970년대 말 페덱스 사가 멘토링을 성공적으로 도입한 후 여러 기업체로 전파되었다. 그후, GM, AT&T, GE, 모토롤라, HP 등 대기업뿐만 아니라 벤처기업에서도 멘토링을 도입하기 시작했다. 아울러 멘토링은 기업뿐만 아니라 교육계에서도 활발히 도입하고 있다.

미국 버지니아 주의 토머스 제퍼슨 과학고등기술학교는 멘토링 추진위원회를 두고 멘토링 코디네이터를 양성하여, 멘토링을 적극적으로 실시했다. 또한 하버드와 옥스퍼드 등에서도 멘토링 제도를 다양하게 운영하고 있다.

한국에서 꽃피우는 멘토링 제도

우리나라에서는 1998년부터 멘토링코리아컨설팅을 비롯한 연구기관에서 멘토링을 연구하기 시작했으며, 여기에 참여한 멘토링 지도사들에 의해 지속적으로 발전되고 있다.

2001년에 포스데이타가 기업체로서는 처음 제도적으로 멘토링을 채택했고, 그후 멘토링코리아컨설팅에서 2005년도까지 100여 개의 기업체와 공공기관 및 학교에 멘토링 제도를 보급함으로써 멘토링 확산에 기여하고 있다.

이렇게 발전을 거듭해 온 멘토링 제도에 대해 세계적인 연구기관과 학자들은 멘토링 시대를 예언한다.

"기업들은 인재개발을 촉진하고, 인재개발방식을 근본적으로 바꿔야 한다. 또한 사람을 직무에 배치할 때 좀더 정교한 방법으로 인재개발과 성과가 동시에 최적화되도록 해야한다. 그리고 피드백이 더 자주, 더 분명하게 이뤄지도록 해야 하며, 멘토링을 제도화해야 한다."

이는 세계적인 컨설팅 기관인 매킨지 컨설팅에서 《포춘》

지 선정 500대 기업 중 130여 개 업체 12,860명을 대상으로, 1997년부터 2000년까지 선정된 우수기업의 특성을 조사하여 얻은 성공 비결이다.

《포춘》지가 선정한 500대 기업에서 설문조사한 결과에 따르면 그중 96퍼센트가 멘토링을 "중요한 인재개발의 도구"라고 하고 있다. 77퍼센트가 "멘토링은 이직 방지 및 조직의 성과 향상에 도움이 되었다."고 응답하여 멘토링이 조직문화 계승뿐만 아니라 업무 역량의 전수를 통해 수익성 향상에 도움을 주고 있음을 알 수 있었다. 그리고 75퍼센트가 "멘토링이 직업적 성공에 핵심적 역할을 했다."고 답하여 조직생활에서 멘토링이 얼마나 중요한지를 말하고 있다.

특히 《포춘》지 선정 500대 기업에 속하는 기업에 응시한 대학교 및 대학원 졸업생의 60퍼센트가 "멘토링 제도의 실시 여부를 입사 지원 조건으로 생각한다."고 응답하여, 멘토링이 우수 인재를 확보하는 데 얼마나 기여하는지를 보여주고 있다.

멘토링 시스템은 북미 지역에서 21세기 최적의 인재 개발 전략으로 자리매김하고 있으며, 앞으로 멘토링이 인적자원 개발에 있어서 중요한 영역을 차지할 것임을 시사하고 있다. 또한 유명한 각종 협회와 보고서를 통해 멘토링 시스템의 효과가 검증되고 있다. 멘토링 제도는 21세기의 기업과 공공기관, 학교는 물론 개인에 이르기까지 중요한 성공 도구로 각광을 받고 있다. 바야흐로 세계는 멘토링 시대에 돌입한 것이다.

 그러면 여기에서 멘토링 리더십이 탄생하기까지의 역사를 잠깐 살펴보자. 리더십의 역사는 곧 인류가 공동생활을 하면서 살아온 성장과 발전의 역사이다. 미국을 중심으로 발전해 온 리더십 이론은 이제 겨우 100여 년밖에 되지 않았음에도 불구하고 약 1,000여 가지에 이르고 있다.

 수많은 리더십 이론의 변천사를 대략적으로 나누어보면, 리더의 천부적 특성에 초점을 둔 '리더십 특성 이론의 시기'에서 리더의 행동에 초점을 둔 '리더십 행동 이론의 시기'로 이어졌고, 환경에 적합한 리더십에 초점을 둔 '리더십 상황 이론의 시기'와 변혁의 효과에 초점을 둔 '변화 주도 리더십의 시기'를 거쳐, 독특한 리더십 매체에 초점을 둔 '현대적 리더십의 시기'에 이르렀다. 그리고 21세기에 추구해야 할 새로운 리더십으로 멘토링 리더십이 주목을 받고 있는 것이다. 멘토링에 대해 많은 연구를 한 윌리엄 그레이 교수는 멘토링을 다음과 같이 정의하였다.

 "멘토링은 조직에 혁신적으로 공헌하며, 멘토 자신의 다양성, 창조성, 열정, 독창성 등을 발휘할 수 있도록 힘을 불어넣어주고, 삶 전체를 통한 경험을 전수하여 훌륭한 멘티를 육성하는 과정이다."

멘토링이란 멘토의 교육이념과 방법을 현실화시켜 경험자와 비경험자가 경험과 지혜를 나누는 인재개발 프로세스이다. 멘토링에 대한 연구가 시작된 이래 멘토링의 정의가 다양하게 존재하지만, 일일이 다 열거할 필요는 없다. 여기에서는 멘토링코리아컨설팅에서 내린 멘토링의 정의를 명확하게 이해하면 충분할 것이다.

"멘토링이란 멘토와 멘티가 상호 합의된 목표하에 서로 인격을 존중하며 일정 기간 동안 멘티의 잠재능력을 개발하여 핵심인재로 육성하는 체계적인 활동이다."

여기서 상호 합의된 목표란 멘토와 멘티가 활동을 통해 실천해 나가는 목표를 말한다.

멘토링의 기본 정신은 '상호 인격존중과 사랑'이다. 또한 멘토링 활동은 활동목표와 조직의 사정에 따라 대부분 1년 또는 6개월 등으로 활동기간을 정하여 추진한다. 삼성테크윈, 삼성SDI, KT 등은 1년, SK텔레콤, 롯데건설, 동부제강, 행정자치부, 한국수력원자력(주) 등은 6개월, 동양기전, 에듀박스 등은 3개월을 멘토링 활동기간으로 정하여 추진하고 있다. 또한 멘토는 '인간의 잠재능력은 무한하며 개발할 수 있다'는 믿음으로 멘티가 잠재능력을 개발하도록 돕는다.

그리고 멘토링은 하나의 체계적인 시스템으로 운영해야
한다. 멘토와 멘티, 조직의 멘토링 추진팀과 관련 리더들의
상호 시너지로 추진하도록 한다.

4 먼저 멘토를 찾아라

멘티가 얻는 유익

멘토링은 한 가지 기술이나 지식만을 전수하는 것이 아니라 전인적인 교육이 가능한 제도이다. 그렇다면 멘토링을 하면 어떠한 효과가 있을까?

멘토링은 멘토와 멘티, 멘토링 제도를 도입한 조직에 투자한 노력 이상의 만족스러운 효과를 안겨준다. 지금까지 멘토링을 도입하여 추진한 멘토와 멘티, 그리고 조직을 대상으로 한 설문조사에 의하면 90퍼센트 이상의 만족도를 나타내고 있다.

특히, 멘티가 얻는 효과는 대단히 크다. 직장생활에 처음

발을 내딛는 신입사원의 경우, 멘티는 선배로부터 조직문화와 업무 노하우를 전수받아 조직생활에 자신감을 얻게 된다. 아울러 경력을 개발할 수 있고, 업무 역량 향상을 통해 자아실현 하는 데 큰 도움을 얻는다.

시대를 앞서가는 매킨지의 경영비법 중 멘토링 제도는 생존비법으로서 매우 중요한 영역을 차지한다. 매킨지에 입사하여 3년이 된 사원 에단 나지엘의 글을 보면 멘티가 무엇을 얻는지 알 수 있다.

"나도 멘토에게 내 운명을 맡겼다. 나는 한 관리자 컨설턴트와 대부분의 일을 했는데, 그는 나를 채용한 사람이었다. 우리 둘의 관계는 아주 좋았고 통하는 데가 있었다. 내가 다른 데서는 얻을 수 없는 조언이 필요할 때 나는 그에게 갔다. 그는 내가 가진 전문 지식과 관련 있는 분야의 프로젝트가 있으면 늘 자신의 팀에 나를 넣어 경험을 공유하려고 했다. (중략)

당신이 멘토를 원한다면 적극적으로 찾아 나서야 한다. 나는 이 멘토링 프로그램이 대부분의 큰 조직에 적용되는 교훈이라고 생각한다. 당신의 상사 중 존경할 만한 식견과 능력을 겸비한 훌륭한 사람을 찾아야 한다. 그리고 그 멘토의 조언을 구해야 한다. 많은 사람들이 조언을 해주는 것을 좋아하고 기꺼이 경험을 나누려 한다. 물론 두 사람이 인격적으로 존경하고 절친하면 더 좋을 것이다. 가능하면 그 멘토와 자주 만나고 많은 것을 배워라. 그러나 너무 귀찮게 굴지는 말라. 잘못하면 성가신 존재가 될지도 모른다.

당신의 조직이 멘토링 제도를 도입했건 안 했건 반드시 자신의 멘토를 찾아라. 당신이 신뢰하고 존경하는 멘토가 있으면 살아남는 데 큰 도움이 된다."

멘티는 멘토와의 관계에서 많은 것을 얻는다. 멘티는 멘토의 성품과 역량을 배우게 되고, 멘토를 통해 경력도 개발하고 안정된 인생을 살 수 있게 된다. 멘토가 먼저 배운 지식과 경험을 멘티에게 미리 일러주어, 멘티가 범할 수 있는 위험한 인간관계, 공금의 유용이나 직권 남용 등의 실수를 사전에 예방할 수 있다.

한 사람의 멘토가 다른 사람에게 미칠 수 있는 영향력은 상상을 초월할 만큼 크다. 한 사람의 멘토가 가능성과 잠재력을 지닌 멘티를 발견하고 제대로 멘토링을 한다면, 그 멘티가 다른 사람의 멘토가 되고 그 과정이 계속 이어져 개인의 삶에 변화가 일어난다. 인간관계로 스트레스를 받지 않고 즐거운 삶을 누리게 되니 얼마나 소중한 효과인가?

그리고 담당업무에 대한 전문가로 성장하여 성공적으로 인생을 살아갈 수가 있게 되며, 지식경영과 학습조직의 주체가 되어 혁신을 일으킬 수가 있다. 이 효과는 개인적 차원을 뛰어넘어 조직과 사회에 긍정적인 효과로 이어지게 된다.

또한 멘티는 현실을 올바로 보고 미래의 목표를 향해 현실적인 계획을 수립하고 실천할 수가 있게 된다. 멘티가 세운 막연하거나 비현실적인 목표를 경험이 많은 멘토가 바로잡아 성공할 확률을 높여주기 때문이다.

이러한 이유에서 멘토링은 21세기에 매우 유용한 인재육성 제도로서 각광받고 있는 것이다.

멘토가 얻는 유익

'멘토가 얻는 효과야 뭐 있겠어?'라고 생각하는 사람들이 있을 것이다. 멘토는 멘티를 지도하고 육성하기 위해 많은 노력과 시간을 쏟아야 하니 손해만 보는 것 아닌가? 물론 그런 생각이 들 수도 있을 것이다. 그러나 멘토링 활동을 하다 보면, 가르치는 것이 가장 좋은 학습의 수단이라는 교훈을 깨닫게 될 것이다. 멘토는 멘티에게 하나하나 가르치면서 함께 배우게 된다. 이 세상에서 가르치는 것만큼 훌륭한 학습방법이 또 어디 있으랴!

가르침을 통하여 자신의 지식을 재정리할 수가 있다. 또한 지금까지 제대로 실천하지 않았던 것들을 실천하고자 하는 의지가 커지며, 내가 무엇을 모르는지 확실하게 알 수가 있게 되기 때문에 가르친다는 것은 최고의 배움이라고 할 수 있다. 또한 멘토는 멘티로부터 신세대의 새로운 지식과 사고방식을 깨우치게 된다. 또한 멘토로서 필요한 역량을 위해 조직에서 실시하는 멘토링 스킬 향상 교육을 받게 되어 리더십 및 여러 가지 능력이 향상된다.

멘토가 배울 수 있는 멘토링 스킬 향상 과정에는 멘토 코칭 스킬 과정, 행동성향 분석 스킬 과정, 의사소통 향상 스킬 과정, 자아 상태 개선 스킬 과정, 팀장 리더십 과정, 멘토십 과정 등의 다양한 프로그램이 있으며, 멘토링코리아컨설팅에서 제공받을 수 있다.

다음은 삼성테크윈 생산 1공장 한 멘토의 경험담이다.

"멘토링이라는 말도 생소한데 멘토 역할을 하라고 임무가 주어졌던 당시엔 다소 겁이 났었다. 더구나 업무도 바쁜데 멘토 역할을 제대로 할 수 있을까 걱정이 되었던 것이 사실이다. 그러나 멘토링 워크숍에 참가한 후 멘토링이 얼마나 중요한지를 이해하게 되었다.

멘티와 함께 몇 개월간을 활동하면서 나에게 많은 변화가 찾아왔다. 우선 내가 먼저 회사의 비전과 미션, 그리고 경영방침 등을 재확인하게 되었고, 업무 매뉴얼과 제반 규정에 대해 스스로 학습을 하게 되었다. 그 이유는 내가 명확하게 알지 못하면 멘티에게 가르칠 수가 없기 때문이었다.

그후 멘티와 만나 여러 가지 활동을 하면서 나는 멘티에게서도 배우는 것이 많음을 느꼈다. 아울러 신세대의 생각과 욕구를 파악하게 되어 이제는 대화가 잘 통한다. 사실 내가 전수한 지식과 경험도 많지만 나는 멘티에게 배운 새로운 전산기기 사용법과 창의적 발상기법이 더 값진 것이라고 생각한다.

또한 멘티에게 모범을 보이려고 약간은 긴장감을 가지고 열심히 준비하고 계획하면서 멘티의 요구에 맞추어 회사생활에 적응시키려 노력했던 그 시간들이 매우 소중하게 남는다. 내 동생을 한 명 얻게 된 기분이며 다음 차수에 또 멘토 역할을 신청할 예정이다."

지금 삼성테크윈에서는 멘토링에서 얻는 효과가 크다는 사실이 널리 인식되면서, 서로 멘토가 되려는 보이지 않는 경쟁이 심해지고 있다.

멘토링에 참여했던 멘토는 멘토링을 통해 다양한 사람들과의 관계 형성 노하우를 키울 수 있게 되며, 아울러 조직에서 부하 육성 역량을 인정받게 되어 금전적 인센티브나 인사고과에 반영되는 등의 보상을 받게 된다. 실제로 미국의

금융서비스사인 킴벌리 클라크의 멘토들은 멘토링을 성공적으로 끝냈을 경우 연봉면에서 많은 이익을 얻고 있다.

우리나라에서도 행정자치부와 관세청에서는 혁신 마일리지에서 플러스 점수로 보상하고 있다. 이랜드에서는 멘토가 멘티의 육성을 위해 경력개발 로드맵을 작성하고, 멘티의 단계별 목표와 성장 측정지표를 설정해 점검하여 그 실적을 승진심사에 반영한다. 200여 명의 멘토를 양성하여 이미 100여 명의 멘토를 멘토링 활동에 적용시키고 있는 KT는 다각적으로 인센티브 제도를 연구하고 있으며, 멘토링을 도입하여 추진 중인 여러 기업체에서도 회사별 인센티브와 보상 제도를 연구 및 실시 중에 있다.

인재전쟁 시대에는 멘티를 육성한 경력이 자기계발과 승진의 유익한 무기가 된다는 사실이 상식으로 통하고 있다.

조직이 얻는 효과

첫 번째는 조직 내 인재 육성 효과이다.

멘토링이 활성화되면 특정 구성원이 회사를 떠나도 그가 갖고 있던 중요한 지식은 조직 내에 남게 된다. 앞서가는 회사들은 훌륭한 인격과 탁월한 역량을 겸비한 멘토가 인재를 육성하도록 하는 멘토링 제도를 추진하고 있다. 그러므로 멘티는 훌륭한 인품이 형성되고, 업무에 필요한 기술과 역량을 습득하게 되어 우수한 인재로 육성된다.

예를 들어, 미국의 유니온 퍼시픽 사와 델타 에어라인 사는 임원 후계자를 육성하기 위해, 1년 반 동안 체계적으로 멘토링 프로그램에 후보자를 참여시키고 있다. 휴렛 팩커드에서는 상사에게 중간관리자 후보군의 추천을 의뢰하여 멘티를 선발한다. 이렇게 선발된 멘티들은 일주일간 리더십 교육을 수료하고, 개인별로 보완 및 개선이 필요한 역량에 대해 특별히 양성된 멘토에 의해 일정 기간 동안 멘토링을 받게 된다.

이처럼, 멘토링이 이루어질 경우 우수 인재를 유지 · 관리하는 효과가 커진다.

두 번째는, 외부 우수인력을 유치하기가 쉬워진다.

멘토링 프로그램을 성공적으로 운영하고 있다고 알려진 유니온 퍼시픽 사는 취업 희망 대학생을 유치할 때 경쟁사보다 우수한 인력을 확보할 수 있었다. 이러한 추세에 따라, 우리나라에서도 멘토링 제도의 도입 여부가 우수인력의 직장 선택조건으로 등장하고 있다.

세 번째는, 자연스럽게 조직문화를 계승할 수 있다는 점이다.

멘토링은 조직의 비전이나 가치를 구성원들의 마음속에 자연스럽게 심어줌으로써, 공동체 의식과 회사에 대한 애사심을 향상시키게 된다. 특히 멘토링은 노사분규나 구조조정

등의 위기상황에서 조직의 입장을 이해하는 동시에 조직구성원들의 욕구를 반영하는 데 크게 기여할 수 있다. 그러므로 멘토링은 요즘과 같이 조직의 가치가 흔들리기 쉽고 급변하는 환경에서 유용하게 활용될 수 있다.

네 번째는, 조직구성원의 지식이전 효과이다.

멘토링은 멘토의 머릿속에 지니고 있는 지식을 멘티에게 전수하여, 조직을 떠나더라도 조직 내에 중요한 지식을 남겨두는 효과가 있다. 더구나, 멘토링을 통한 전수 방법은 자연스럽게 이루어지므로 비용도 적게 들고 학습 효과는 더욱 크다. 이는 직무나 인력의 이동이 잦은 조직에 큰 도움을 줄 수 있을 것이다. 그리고 국내 멘토링을 도입한 다수의 기업에서 30퍼센트에 육박하던 신입사원 퇴사율이 멘토링을 실시한 후에 5퍼센트 이하로 감소한 것으로 알려졌다. 기업에서 핵심인재가 퇴사할 경우에 관리직급의 월급 2년치에 맞먹는 손실이 발생한다는 통계자료로 미루어 볼 때, 신입사원의 퇴사율 감소는 조직뿐만 아니라 국가적으로도 큰 이익인 셈이다.

신입사원의 40퍼센트는 조직에 적응하지 못해서 1년 반만에 퇴직하며, 국내 기업들이 인재 확보에만 치중할 뿐 인재의 유지 · 관리에는 소홀하다는 삼성경제연구원의 〈격동기, 사람이 경쟁력이다 : 2004〉 보고서는 의미가 있다.

멘토와 멘티가 커플을 이루어 서로 지혜를 나누는 모습은

보기에 좋다. 그들은 인격을 존중하면서 아름다운 관계로 발전하며 성장한다. 자신이 가진 지식과 노하우를 더불어 나누는 지혜는 삶의 질을 높이고 사회를 더욱 아름답게 만들어갈 것이다.

멘토를 찾는 방법

멘토를 찾는 방법에는 여러 가지가 있다.

자신이 처해 있는 상황에 따라, 필요성에 따라, 그리고 여러 가지 기준에 따라 멘티를 찾는 최적의 방법을 활용할 수가 있다.

먼저 자신이 직장인일 경우, 회사에서 멘토링 제도를 도입하고 있다면 멘토 찾기는 문제가 되지 않는다. 다만 멘토와 연결이 되었을 경우 멘토링 활동에 적극적으로 임해야 한다. 멘토링 효과는 멘토와 멘티가 얼마나 주도적으로 멘토링 활동에 열정을 쏟느냐에 따라, 크게 나타날 수도 있고 그렇지 않을 수도 있기 때문이다.

만약 멘토링 제도를 도입하지 않은 조직에 속해 있다면, 먼저 인사부서나 교육부서에 멘토링 제도의 실시를 요청하라. 최근에 멘토링 제도에 대해 검토하지 않는 인사부서나 교육부서는 거의 없기 때문에, 의외로 쉽게 멘토를 구하게 될지도 모른다. 그래도 멘토를 구할 수 없다면 조직 내에서 자신이 스스로 멘토를 찾아 나서야 한다.

만약 조직에 속해 있지 않은 사람일 경우에는, 주변에서 멘토를 물색하여 멘토링을 받도록 하면 된다. 이때 멘토와 코치를 구분해야 한다. 코치는 멘토와 흡사한 역할을 하는 사람이기 때문이다.

멘토는 코치의 역할, 교사의 역할, 상담자의 역할과 후원자의 역할까지도 담당해야 한다. 그러므로 멘토는 여러 가지 역할을 잘할 수 있도록 성품과 역량이 훌륭해야 한다.

멘토링에 대해 잘 모르는 사람에게 멘토 역할을 부탁할 때에는 자신이 얻고자 하는 멘토링 목표에 대해 자세히 설명해 주어야 한다. 만약 그가 멘토가 되는 것에 부담을 느낀다면 성심을 다하여 이해시키고 멘토로서의 역할에 대해 보답을 해야 한다. 개인적인 멘토는 과외 교사와도 같으므로 시간적·경제적 부담에 대한 보상을 하지 않을 경우 훌륭한 멘토를 만나기가 어려울 것이다.

그 외 여러 가지 기준을 두어 어떠한 행사나 필요한 시기에만 멘토링을 받을 수도 있다. 그러나 이러한 멘토링은 체계적인 멘토링이 아니다. 전통적인 방식에 의한 변형된 멘토링 방식이다. 체계적 멘토링은 조직에서 시스템으로 도입하여 실시하는 멘토링을 말한다.

멘토가 필요하다면 스스로 찾아 나서야 한다. 왜냐하면 어느 누구도 멘토가 되어주겠다고 먼저 나서지는 않기 때문이다. 인생을 살아가면서 누구에게나 몇 명 정도의 멘토는 필요하다. 내게 어떤 목적으로 몇 명의 멘토가 필요한지 생각해 보고, 적극적으로 멘토를 찾아 나서자.

멘토를 찾는 방법은 멘토링을 받고자 하는 자신의 목표를 분명히 하고 그 목표를 달성할 수 있도록 도와줄 만한 사람의 이름을 적고, 그 사람과의 만남을 구체적으로 계획한다. 가능한 모든 방법을 활용하여 그 사람을 만나 진심으로 멘토가 되어줄 것을 요청하고 성실하게 멘토링 활동에 임한다. 이러한 멘토 찾기는 인생에서 매우 중요한 과정임을 명심하라.

2장

멘토의 따뜻한 가슴을 느껴라

남을 너그럽게 받아들이는 사람은 항상 사람들의 마음을 얻게 되고,
위엄과 무력으로 엄하게 다스리는 자는 항상 사람들의 노여움을 사게 된다.

세종대왕

1 수용성

가슴이 넓은 사람

멘토링 리더십을 갖춘 멘토는 어떤 멘토일까? 존경받는 멘토의 특성은 무엇일까? 이에 대한 궁금증을 풀어가기 위하여, 멘토링 교육시간에 교육생들에게 다음과 같은 질문을 자주 한다.

"당신에게 생각이 나는 멘토가 있는가?"

인생에서 중대한 사건에 부딪쳤을 때, 중요한 전환점에 다다랐을 때 나에게 희망과 용기를 북돋아주었던 사람, 갈 길을 몰라 방황하고 헤맬 때 등대가 되어 앞길을 비춰준 사람, 그런 멘토가 있는가? 아마도 누구에게나 한두 명 정도는 있을 것이다. 학창 시절의 선생님이나 사회생활에서의 선배, 또는 친구나 가족 중에서 그러한 역할을 해주었던 사람이 있다면, 그 사람은 당신의 멘토가 되는 셈이다.

"그렇다면, 그 사람으로부터 얻은 교훈이나 깨달음은 무엇인가? 그리고 나에게 깊은 깨달음과 용기를 준 그 사람의 특성은 무엇인가?"

이 질문에 대한 답은 다양하게 나타난다. "나의 고민을 끝까지 진지하게 경청하고 진심으로 이해해 주었다." "따뜻한 마음으로 나를 감싸주었고, 나의 편에 서서 함께 고민을 나누어주었다." "나의 모든 것을 조건 없이 믿어주고, 나에게 많은 칭찬과 격려를 하면서, 나의 능력을 신뢰해 주었다." "그는 맡은 업무를 성실하게 잘 완수하는 능력을 갖고 있었다." "그의 올바른 가치관과 언행일치가 나의 본보기가 되었다." "나에게 꿈과 비전을 보여주면서, 그 꿈을 이루는 방법에 대해 함께 생각했다." "도전정신과 용기를 갖도록 동기부여를 해주어, 그를 만나면 힘이 솟고 자신감이 생겨났다." "정말 대단한 사람이다. 자기계발을 위해 부단히 노력을 한다." "한마디로 닮고 싶은 존경스러운 사람이다."

즉, 나의 모든 것을 수용하고 인정하며 나를 위해 마음을 쏟는 가슴이 넓은 멘토가 기억난다는 얘기다.

멘토는 '성품과 역량이 훌륭하며, 동기부여를 잘하면서도 끊임없이 자기계발을 하는 사람'이다.

장자는 일찍이 다음과 같이 말했다.

"작은 주머니에는 큰 것을 넣을 수 없다. 짧은 두레박줄로는 깊은 우물의 물을 퍼 올릴 수 없다. 이처럼 그릇이 작은 사람은 큰일을 할 수가 없는 것이다."

큰 주머니와 긴 두레박줄, 그리고 큰 그릇은 무엇을 의미하는 것일까? 이는 리더로서 갖추어야 할 성품과 역량, 즉 사람 됨됨이를 말하는 것이다. 그렇다면 사람 됨됨이가 훌륭한 멘토란 어떠한 사람인가?

스티븐 코비 박사가 미국이 독립한 이래 200여 년간의 성공에 관한 저작물들을 연구 및 조사하면서, 이들 문헌의 내용에서 발견한 법칙은 성품 윤리였다. 성공하는 사람들은 언행일치, 겸손, 사랑, 절제, 용기, 정의, 인내, 근면, 소박, 수수함 등을 기본 원칙으로 삼은 사람들이며, 성품을 바탕으로 살았기 때문에 진정한 성공과 행복한 삶을 성취할 수 있었다.

훌륭한 멘토는 상대방을 잘 배려하는 성숙한 사람이다. 그는 언제나 말과 행동이 일치하고 긍정적이므로, 다른 사람들과 함께 열정적으로 살아가는 가슴이 넓은 사람이다.

부드러운 미소

멘토는 멘티가 언제나 마음 놓고 찾아가 대화하고 고민을 상담할 수 있는 부드럽고 편한 사람이어야 한다. 그렇다면 어떻게 해야 멘티와 부드러운 관계를 만들 수 있을까?

옛날 어느 마을에 예쁜 처녀가 있었다. 며칠 후 시집을 가게 되어 어떻게 남편의 사랑을 얻고 백년해로 할 수 있을 것인지를 어머니에게 물었다. 어머니는 아무 말 없이 마당에서 두 손으로 모래를 한 움큼 집어 딸에게 보여주었다. 모래는 조금도 흘러내리지 않았다. 그러나 어머니가 모래를 꽉 움켜쥐자 모래는 손가락 사이로 조금씩 빠져나가기 시작했다. 그리고 그 움켜쥐는 강도가 셀수록 빠져나가는 모래의 양도 점점 더 많아졌다.

어머니는 미소를 머금은 채, 진지한 눈빛으로 딸을 바라보면서 부부간의 사랑도 이와 같은 것이라고 조용히 일러주었다.

사람과 사람 사이의 관계와 사랑은 부드럽게 고이고이 다루어야 더욱 더 깊어진다. 움켜잡고 꽉 쥐려고 하면 할수록 더욱 멀리 달아나버린다. 멘티를 대하는 멘토의 자세도 다르지 않다.

멘티를 결혼의 반려자처럼 부드럽게 고이고이 보살펴야 한다. 그래야 멘티는 멘토를 편안하게 생각하여 믿고 마음 속에 있는 모든 것을 다 털어놓는다. 엄격한 규제와 기강보다는 화목한 부부처럼 서로 위로하며 용기를 북돋는 부드러운 관계가 되어야 한다. 그래야 두 사람의 사이에 유대감이 강하게 생성된다.

항상 여유롭게 미소를 지으라. 사랑을 가득 담은 눈망울로 멘티의 눈을 지그시 바라보라. 자주 고개를 끄덕이라. 부드러운 목소리로 말하라. 제스처는 천천히 자연스럽게 하라. 마음도 부드럽게 여유를 보여라. 마음을 열고 멘티가 다가오도록 환영의 메시지를 보내라. 그러면 멘티가 편안하게 다가올 것이다.

경청하는 자세

멘토가 어떤 활동을 하기 전에 먼저 멘티의 의견을 묻는 것은 멘티의 의견을 존중한다는 신호이다.

멘토는 사실상 멘티에 대해 모든 것을 다 알지 못한다. 그래서 훌륭한 멘토는 모르는 것이 있으면 멘티에게 묻고, 어떤 지식을 가르쳐줄 때에도 멘티에게 먼저 그것에 대해 어느 정도 알고 있는지를 물어본다. 이러한 행동은 멘티를 존중한다는 생각이 들게 하여, 멘티로 하여금 자신의 의견과 아이디어를 충분히 말하게 한다. 그리고 멘티는 멘토가 하는 말을 더 잘 경청하게 되어, 멘토와 멘티는 점점 더 가까워질 수 있게 된다.

"가장 큰 실패의 원인은 자신을 알지 못하는 것이다. 남을 이기려고 하는 자는 먼저 자신을 이겨야 하고, 남을 따지려면 먼저 스스로를 따져야 하고, 남을 알려면 먼저 스스로를 알아야 한다."

『여씨춘추(呂氏春秋)』에 나오는 말이다.

대부분의 사람들은 세상을 있는 그대로가 아니라 자기가 지각하고 느끼는 대로 본다. 그들은 자신의 지식과 경험에 비추어 주변 세상을 지각하고 이해하며 느낀다. 그렇기 때문에 멘토는 멘티가 지각하고 느끼는 것을 알아차리기 위해 겸손하게 경청하고 관찰해야 한다.

그리고 멘토는 자신의 자각 능력에 한계가 있음을 인정하고 멘티를 공경하는 마음으로 대해야 한다.

2 성숙성

깊은 관심

따뜻한 마음과 깊은 관심은 멘티를 감동시킨다. 이것은 멘토가 지녀야 할 기본적인 덕성이다. 멘티와 입장을 바꾸어 생각하고 깊은 관심을 보인다면, 멘티의 마음을 얻기 쉬워진다. 멘토링은 먼저 멘티의 마음을 얻는 일에서부터 시작해야 한다.

다음은 일본 마쓰시타 전기의 마쓰시타 고노스케 회장이 어느 날 식당에서 손님들을 접대할 때의 일화이다. 그는 역지사지 정신이 매우 투철한 사람이라고 한다.

일행이 맛있게 소갈비 요리 식사를 마쳐갈 즈음, 마쓰시타 회장은 비서에게 소갈비를 요리한 주방장을 불러오라고 했다. 회장은 지배인을 부르지 말고 반드시 주방장을 불러올 것을 특별히 요구했다. 비서는 회장이 갈비를 반 정도만 먹다 남긴 접시를 주목하며 뭔가 크게 난처한 일이 벌어질 것 같은 예감이 들었다.

마침내 불려나온 주방장은 이 손님들이 얼마나 중요하고 대단한 인물인지 알고 있었으므로, 바짝 긴장해 있었다.

"갈비에 무슨 문제가 있었습니까?"

주방장이 매우 조심스럽게 물었다. 그러자 마스시타 고노스케 회장이 미소를 지으며 조용히 대답을 했다.

"주방장! 당신의 솜씨는 여전하구려. 그러나 오늘 나는 갈비를 반이나 남겼소. 당신의 솜씨 때문이 아니라 바로 내 입맛이 문제요. 나이가 여든이 되고 보니 식욕이 예전 같지가 않아요. 그러나 갈비는 참으로 맛이 있었소. 당신은 정말 출중한 요리사요!"

주방장과 식사에 참석했던 손님들은 서로 얼굴을 바라보며 영문을 몰라 했다.

"반도 안 먹은 갈비 접시가 다시 주방으로 되돌아갔을 때 당신이 우울해할까 염려가 되었소. 공연히 나 때문에 당신에게 자괴감을 안겨주고 싶지 않아서, 이렇게 당신에게 분명하게 내가 음식을 남긴 이유를 알려주고 싶었을 뿐이오."

이렇게 깊은 관심은 딱딱한 인간관계를 부드럽게 만들어 준다. 존경받는 멘토들은 멘티에게 역지사지의 마음으로 관심을 기울일 것을 가르친다.

용기와 배려 간의 균형

다른 사람을 배려하는 마음은 인간관계에서 매우 중요하다. 깊이 배려하는 사람은 성숙한 사람이다. 그러나 타인을 배려하는 것이 중요하다고 해서 무작정 배려만 해서는 안 된다. 그러므로 인간관계에서 서로 이익을 모색하여 좋은 결과를 얻으려면 용기와 배려 간에 균형을 잘 유지해야 한다.

멘토링 활동에서도 멘토는 용기와 배려 간에 균형을 잘 이루어야 한다. 때로는 멘티가 올바르지 못한 방향으로 나아갈 때가 있을 것이다. 그때 멘토가 용기를 내어, 당장은 힘들고 입장이 난처하더라도 올바른 방향으로 나가도록 교정해 주어야 한다. 아울러 멘티의 입장에 서서 충분한 배려를 잃지 말아야 하므로, 멘토는 높은 수준의 배려와 용기를 모두 갖추어야 한다.

겸손의 미덕

지금 보이는 것이 모두 다가 아니다. 내가 알고 경험한 것이 다가 아니다. 다른 사람이 본 것과 아는 것, 경험한 것이

나와 다르므로, 보지 못하고 알지 못하며 경험하지 못한 것
이 너무 많을 것이다.

  멘토가 겸손하지 않고 잘난 체한다면 멘티는 그를 존경할
수 없을 것이다. 겸손한 마음과 자세로 멘티를 우선으로 하
여 활동을 전개해 나가야만 멘티의 존경을 받는 동시에 상
호 시너지 효과도 얻을 수 있을 것이다. 겸손해서 손해를 보
지는 않기 때문이다.

  겸손은 언젠가 존경과 감사와 칭찬으로 돌아올 것이다.

3 언행일치

약속을 잘 지키고 말과 행동이 일치한다면, 그는 신뢰할 수 있는 사람이다. 특히 그 사람의 가치관이 원칙을 중시하고 자연법칙과 일치한다면, 더할 나위 없이 믿을 만한 사람이다.

스티븐 코비는 『성공하는 리더들의 7가지 습관』에서 원칙에 대해 다음과 같이 정의하였다.

"원칙이란 자연법칙 혹은 보편적인 법칙으로서, 시공을 초월하고 영원불변하며, 예측 가능한 결과를 가져오고, 우리

71

의 통제권 밖에 존재하며, 우리의 양해나 수용에 관계없이 작용하는, 자명하고 이를 따르면 유능하게 되는 불변의 진리이다."

가치관은 우리가 사람이나 사물 또는 원칙에 대해 우선순위에 의해 정한 주관적인 것이므로, 원칙에 가까운 가치관으로 판단하여 결정을 한다면 좋을 것이다.

원칙은 사랑, 겸손, 인내, 정직, 성실, 언행일치, 생명존중, 봉사, 공정성, 사회적 공헌, 친절, 바른 태도, 배려, 평화, 포용 등 인간사회에서 가져야 할 자연법칙이다. 인간이 가지는 가치관은 변할 수 있으나 원칙은 변하지 않는다.

우리는 가치관에 의해 교통법규나 헌법 같은 규범을 만들어 살아가지만, 우리가 선택하고 행동한 결과는 원칙이 통제하고 지배한다. 그러므로 어떠한 선택과 결정을 내리기 전에 반드시 원칙에 입각해 생각한 뒤 행하면 후회가 없을 거라는 신념을 가져야 한다.

멘토가 원칙 중심의 가치관을 가져야 하는 또 하나의 이유는, 멘토링의 가장 중요한 핵심인 인간존중이 영원불멸의 가치관이자 원칙이기 때문이다.

정직과 성실

이 세상을 살아가면서 정직과 성실만큼 마음과 몸을 안전하게 지켜주는 원칙은 없을 것이다. 원칙 중심의 가치관으로 판단하여 정직하고 성실하게 행동한다면, 이 세상은 아름답고 살기 좋은 세상이 될 것이다. 그러나 세상을 살아가면서 정직하기가 매우 어렵다.

인간은 선의에 의한 것이든 악의에 의한 것이든 정직하지 못한 언행을 하게 되는데, 멘토는 언제 어디서나 멘티에게 정직함을 보여줘야 한다.

정문술 전 미래산업 사장은 리더가 먼저 올곧고 정직하게 행동해야 구성원들이 리더를 믿고 의지하게 된다는 신뢰경영을 솔선수범했다. 그는 철저히 회사 돈과 개인 돈을 구분하여 정해진 월급 외에는 회사 돈을 단 한 푼도 개인 용도로 사용하지 않았다고 한다. 법인의 승용차를 개인 용무로 사용할 때에도 주유는 반드시 개인 카드로 했고, 하루에 서너 잔씩 마시는 커피값마저 매달 정산하여 회계과에 납입할 정도로 스스로에게 정직하려고 애를 썼다.

그러면 성실성이란 무엇인가? 성실성이란 언제나 자신의 가치관과 인간적인 순수한 감정에 충실하게 행동하는 것을 말한다. 자신에게 나는 과연 성실한가 질문해 보라. 그렇지 못한 경우가 많을 것이다. 자신의 가치관에 따르지 않고 주

변 사람들를 눈치를 보거나 편견에 사로잡혀 동떨어진 행동
을 하는 경우가 있지 않았는가?

멘토여, 정직하고 성실하자!

4 긍정성

파란 단추

　사람의 앞가슴에는 두 개의 단추가 달려 있다. 하나는 파란 단추고 또 하나는 빨간 단추이다. 두 개의 단추는 기능이 다르기 때문에 서로 다른 색깔을 가지고 있다.

　출근길에 접촉사고를 당했다고 가정해 보자. 자칫 잘못하면 회사에 지각을 할 판인데, 분명 앞차가 새치기하다 급브레이크 밟은 것이 원인이 되어 추돌한 것이어서, 머리끝까지 화가 치민다. 당신이라면 어떤 행동을 취할 것인가? 이때 단추를 선택해야 한다.

　파란 단추는 사람의 사고를 긍정적으로 몰아가는 작용을

하고, 빨간 단추는 부정적인 쪽으로 몰아가는 기능을 한다. 만약 파란 단추를 누른다면 걱정 어린 표정으로 앞차와 운전기사를 염려하며 친절하게 수습하게 될 것이다. 빨간 단추를 누를 경우, 당장 차문을 박차고 튀어나가 앞차 운전자의 멱살이라도 움켜잡고 욕설을 퍼부어야 할 것이다.

선택은 당신에게 달려 있다. 그리고 그 결과는 원칙에 의해 지배당할 것이며 그 결과에 대한 책임 역시 모두 당신의 몫이다.

훌륭한 멘토는 어떤 상황에서든지 파란 단추를 누르겠다는 마음을 갖고 있다. 이것은 언제나 긍정적인 쪽으로 사고하고 행동하며, 좋은 결과를 위해 노력하겠다는 개인적 약속이자 기준이다. 여유롭게 웃으며 파란 단추를 누르는 멋진 모습을 상상해 보자.

이랜드그룹 박성수 회장은 좋은 고등학교를 나왔으나 점수가 되지 못해, 그가 원하는 대학에 갈 수가 없어 생각지도 못했던 대학에 가게 되었다. 그런데 이 대학에서 일생 동안 가장 친하게 지낼 친구를 만나게 되었다. 이 친구가 얼마나 매력이 있었던지, 그는 이 친구에게 부탁해 자진해서 이 친구가 나가는 남산 자락의 조그마한 교회에 열심히 나갔다. 그 교회에서 그는 전도사 한 분을 만났다. 그분 밑에서 신앙훈련이라는 것을 받았는데, 그분은 오늘날 제자훈련으로 유명한 사랑의 교회 옥한흠 원로목사이다. 옥한흠 목사를 멘토로 모시며 살아온 지금까지 당시 함께 훈련 받은 친구와 선후배들은 평생 동반자가 되었고, 박성수 회장의 삶과 가치관에 지대한 영향을 주었다. 그는 한 친구를 통해 일생의 멘토와 동료, 그리고 신앙훈련과 가치관을 얻은 셈이다.

그런데 그가 부러워했던 성적을 가진 친구 한 명은 그가 원했던 대학에 합격했다. 수년 후, 그 친구는 감옥에서 출소한 뒤 보험 설계사가 되어 박 회장에게 보험에 들어달라고 도움을 요청했다. 들어가기 어려운 대학일수록 학생운동이 많은 시대였고, 그 친구는 학생운동에 개입하게 되어 교도소에 들어갈 수밖에 없었다. 박 회장은 인생에서 성공한다는 것은 무엇이고, 진정 부러워해야 하는 것은 무엇인가 생각을 했다. 그는 오히려 부족했기에 좋은 친구를 만날 수 있었으며, 그 친구와의 만남이 성공적 인생으로 안내했다고 말했다. 지금도 어떠한 실망의 상황에 이른다 해도 박 회장은 항상 긍정적으로 생각을 한다. 그는 항상 파란 단추를 누르는 사람이다.

자성예언

GE의 잭 웰치는 어렸을 때 말을 더듬어서 친구들에게 놀림을 당하곤 했다. 그때마다 어머니는 이렇게 말해 주었다고 한다.

"잭! 네가 말이 느린 것은 네 혀가 생각을 따라갈 수 없을 만큼 빠르기 때문이란다. 넌 똑똑한 아이잖니?"

잭 웰치는 어머니의 이 말에 자신감을 갖게 되었고, 스스로 생각을 빠르게 하는 똑똑한 사람이 되려고 노력하여, 세계 최고의 존경받는 리더가 되었다. 잭 웰치의 어머니는 아들에게 자성예언(자기 달성적 예언)을 했던 것이다.

자신이나 다른 사람에 대하여 갖는 믿음이나 대하는 방식에 따라, 그 대상이 실제로 영향을 받는 것을 자성예언이라 한다. 이 법칙은 '간절히 바라면 반드시 이루어진다' 는 피그말리온 효과(Pygmalion Effect)와 유사하다.

피그말리온은 고대 그리스 키프러스의 왕이며 조각가였다. 자기가 상아로 만든 조각상인 갈라티아를 연모하여 "이 아름다운 상을 현실의 여인으로 변하게 하여 주십시오."라고 간절히 기원했다. 이 모습을 보고 있던 사랑의 신 아프로디테는 피그말리온의 간절한 마음에 감동을 받아 조각상에 생명을 불어넣어주어 행복한 한 쌍의 부부로 연결시켜 주었다고 한다.

이처럼 '마음속으로 간절히 기대를 하면 상대방이 그 기대에 부응해 주는 현상' 을 피그말리온 효과라고 부르며, 동기 부여의 방법으로 활용된다.

이러한 자성예언은 멘토와 멘티의 활동을 활발하게 이끌어가는 데 적극 활용되어야 한다. 자신이 훌륭한 사람이 되겠다는 간절한 소망과 믿음을 가지고 멘토링 활동에 임할 때 개인의 발전과 조직의 향상이 가능하게 될 것이다. 그러나 멘토가 멘티를 무능하다고 생각하면, 멘티를 과보호하게 되고 필요 이상으로 도와주려 할 것이다. 그리고 멘티의 실수를 걱정하여 자연스럽게 제공할 수 있는 기회도 주지 않으려 할 것이다. 반면에 멘티의 잠재능력을 믿고 격려하며 멘티에게 도전적인 일을 추진할 수 있는 기회를 준다면, 멘티는 적극적인 사람으로 변하여 성장하게 된다.

멘토는 멘티를 격려하고 인정하며 칭찬해야 한다. 그로 인하여 멘티의 잠재능력은 활짝 날개를 펴고 성장할 것이다.

5 열정

파워엔진

다음은 다릴 앙카의 글 〈가슴 뛰는 일을 하라〉이다.

가슴 뛰는 일을 하라.

그것이 최고의 명상이다.

신이 당신에게 주는 메시지는

가슴 뛰는 일을 통해서 온다.

가슴 뛰는 일을 할 때, 당신은

최고의 능력을 펼칠 수 있고

가장 창조적이며, 가장 멋진 삶을 살 수 있다.
그것이 당신이 이 세상에 온 목적이다.

남의 삶을 베끼며 살지 말고 지금 이 순간
당신을 가슴 뛰게 하는 일을 하라.
그때 우주는 전적으로 당신을 도와줄 것이다.

다릴 앙카가 말하는 가슴 뛰는 일은 무엇일까? 그것은 자신이 이루고자 하는 비전에 대한 소망이요, 소망을 달성해가는 열정을 말한다. 열정(Enthusiasm)의 어원은 그리스어로 'in God'을 의미한다. 그러므로 열정적인 사람은 무한한 잠재능력을 가진 존재, 신과 함께하는 능력 있는 사람을 뜻한다. 결국 자신이 추구하는 성공은 열정을 얼마나 갖고 있느냐에 따라 좌우된다.

지칠 줄 모르고 솟아나는 열정이야말로 힘찬 삶의 엔진이다. 누구나 파워엔진을 가슴에 달고 산다. 그러나 엔진의 배기량을 100퍼센트 가동시키지 못하는 사람도 있다. 훌륭한 멘토는 자신이 하고 있는 일에 대한 열정이 강하다.

열정에는 사기를 충천하게 하고 동기를 부여하는 힘이 깃들어 있다. 열정에 힘입어 에너지가 충만한 상태에서 맡겨진 일에 최선을 다할 뿐만 아니라, 불가능하리라 생각했던 일까지도 성취한다. 그리고 성공에 대한 확신이 높으면 열정도 그만큼 뜨겁다.

훌륭한 멘토의 열정은 전염성이 강하다. 멘토에게서 열정이 느껴질 때, 멘티는 급속히 열정적으로 되어 생기발랄한 삶을 살아간다.

지속적인 성장

훌륭한 멘토는 멘토링 활동을 추진할 때 논리적 성향과 감성적 성향의 균형을 잘 이룬다. 열정을 가진 멘토는 누구나 할 수 있으면서도 시도하기를 두려워하는 것들을 자신 있게 추진한다. 또한 자신의 열정을 삶의 중요한 부분으로 여기고 의미 있게 열정을 추구한다. 그리고 멘티와의 관계에서 언제나 창조적이고 자기 성취적이며 고무적인 행동을 한다. 아울러 기대를 뛰어넘어 아이디어를 창출하고 그것이 멘티의 성과물로 칭찬받도록 지속적으로 자극한다. 그리하여 멘티의 역량이 향상됨에 따라 멘토의 보람은 더욱 커지고 지속적인 성장의 기쁨을 누린다.

건강을 유지하기 위해 규칙적으로 신체를 단련하듯이 열정 또한 정기적으로 훈련을 해야 한다. 열정을 유지 · 보수하지 않으면, 점점 열정이란 에너지가 사라지기 때문이다.

어떻게 하면 항상 열정적으로 살아갈 수 있을까? 열정적인 삶은 자신의 내면을 수시로 바라보며 이루고자 하는 꿈을 향해 지속적으로 전진해 가는 것이다. 지속적인 전진을 도와주는 방법은 독서와 명상이다. 독서는 사색할 수 있는 기회를 만들어주어 자신의 내면세계를 되돌아보는 명상의 시간을 제공할 것이다. 자신을 반추하고 내면의 샘을 채우는 독서와 명상을 계속한다면 열정이란 에너지는 영원히 타오를 것이다. 멘토는 아무리 바쁘더라고 책을 멀리해서는 안된다. 열정을 가지고 자신과 멘티를 위해 꾸준히 잠재능력의 개발에 힘써서 지속적으로 성장하도록 노력해야 한다.

3장

멘토가
일을 대하는 **자세**

인재를 끌어들이고, 키우고, 멘토링하고, 보상하라.
리더십은 전적으로 일대일 게임이다.

톰 피터스

1 현상 파악 및 목표를 세우는 능력

인재개발지수 파악

　역량이 뛰어난 명장은 전쟁을 치를 수 있는 충분한 지식과 능력을 갖추고 있다. 전쟁에서 승리하려면 군사의 마음을 얻는 성품이 역량과 균형을 이루어야 한다. 이 두 요소 간에 균형을 이룰 때 장수로서 신뢰를 얻고 군사들도 신뢰할 수가 있는 것이다.

　조직에서도 신뢰 받는 멘토가 되려면, 멘티의 마음을 얻는 훌륭한 성품과 함께, 멘티가 존경할 만한 탁월한 역량을 갖추어야 한다. 멘토가 갖추어야 할 역량이란 멘티가 배울 만한 지식과 업무 처리 능력을 말한다.

역량이 탁월한 멘토는 멘티와 멘토링 활동을 하는 동안, 멘티가 이루고자 하는 목표를 달성하도록 도와준다. 그렇게 하려면 먼저 멘티의 목표를 알아보고 멘티가 처해 있는 현상을 파악한 뒤, 멘티와 신뢰를 쌓고, 원활한 커뮤니케이션을 통해 목표를 이루도록 전략을 짜야 한다. 아울러 경험이 모자라기 때문에 직면할 수 있는 위험으로부터 멘티를 보호해 주어야 한다.

훌륭한 멘토는 멘티와 주기적으로 만나서 멘티의 역량을 잘 파악한다. 그리고 멘티가 갖추고 있는 역량이 어느 정도이며 어떠한 역량이 부족한지를 파악하여, 부족한 역량을 향상시키도록 활동 목표를 설정한다. 멘토는 멘티의 5가지의 인재개발지수(PDI : Personal Development Index), 즉 심력(心力)·지력(知力)·건강(健康)·자기관리(自己管理)·인간관계(人間關係)지수를 파악하고, 부족한 부분의 지수를 높이도록 멘티와 함께 목표를 설정해야 한다. 그리하여 부족한 인재개발지수 향상을 멘토링 활동의 주요 주제로 삼는다. 이러한 능력이야말로 멘토가 갖추어야 할 중요한 역량 중의 하나이다. 아울러 멘티와 함께 인재개발지수 향상을 위한 활동을 지속적으로 전개하게 되면 멘토의 인재개발지수도 향상된다. 물론 멘토링 활동을 시작하기 전에 멘토링 도입 워크숍에서 멘토와 멘티의 인재개발지수를 체크하고 향상이 필요한 부분을 파악해 두어야 한다.

레이저 사고

훌륭한 멘토는 멘티와 언제 만나서, 무엇을, 왜, 어떻게 할 것인지에 대한 계획을 세운다. 멘토는 멘토링 활동을 스스로 주도해야 하지만, 나중에는 멘티가 주도하도록 만들어가야 한다.

그러려면 활동 목표를 구체적으로 설정하고 이를 멘토링 실천계획서에 기록해야 한다. 그런 다음에, 그것을 달성하기 위해 레이저 빔을 쏘는 것처럼 집중해야 한다. 레이저 빔처럼 한 가지 목표에 집중하는 것을 레이저 사고(Laser Thinking)라 한다.

구체적인 목표 설정과 레이저 사고의 힘이 얼마나 강력한지 다음의 사례를 보면 알 수 있다.

"1953년 하버드 대학의 연구 보고서에 의하면, 그해 졸업생 중 3퍼센트가 그들이 원하는 직업을 목표로 설정해서 이를 기록해 두었다고 한다. 20년 후 연구팀이 1953년도 졸업생들을 대상으로 조사한 결과, 목표를 적어놓았던 3퍼센트 학생들이 나머지 97퍼센트의 학생들을 모두 합친 것보다 경제적으로 더 성공했음이 밝혀졌다."

레이저 사고는 《뉴욕 타임스》에서 71주 동안 1위를 달렸던 베스트셀러 『Body for Life』에 나오는 내용으로, 목표를 향해 집중해서 몰입했을 때 강력한 효과를 얻는다고 한다.

그런데 목표를 아무렇게나 기록한다면 과연 효과가 있을까? 그 목표를 기록하는 방법은 다음과 같다.

* 달성하고자 하는 구체적이고 명확한 목표를 설정한다.
* 목표 달성의 마감 기간을 정한다.
* 목표 달성에 도움을 줄 사람이나 조직의 리스트를 짠다.
* 극복해야 될 장애 요소와 대응 방안을 적는다.
* 목표 달성을 위해 알아야 할 정보를 적는다.
* 행동 계획을 기간별로 전개하여 기록한다.
* 목표 달성을 해야 하는 이유를 상세하게 적는다.

이렇게 목표를 적어두는 것은 매우 중요하다. 그런데 대부분의 사람들이 목표를 생각하면서도 기록하지 않는다.

또 다른 통계에 의하면, 목표를 기록하는 사람은 3퍼센트, 목표를 정해 놓고 생각만 하는 사람은 10퍼센트, 기록하지 않는 사람은 60퍼센트, 그리고 인생에 무엇 하나 바라지 않고 되는대로 사는 사람이 자그마치 27퍼센트나 된다고 한다. 87퍼센트에 이르는 대부분의 사람들이 목표를 설정하지 않았기 때문에 성공하지 못한다는 말이다.

아울러 멘토는 멘티와 함께 멘티의 장기적인 인생의 목표와 비전을 설정하여, 이를 달성하기 위해 노력하도록 안내하는 역할을 해야 한다. 또한 멘토와 멘티가 만나는 것을 건성으로 여겨서는 안 된다. 명확한 약속과 활동 스케줄을 정한 뒤 반드시 기록하고 얼만큼 목표를 달성했는지를 체크하며 지켜야 한다. 사전에 활동 목표를 작성하여 이번에는 어떤 목표를 위해 만나는지를 분명히 해두는 일은 정말 중요하다.

기네스북에 가장 아름다운 근육을 가진 남자로 누가 기록되어 있는지 아는가? 아놀드 슈워제네거이다. 그는 어렸을 때 아버지와 함께 오스트리아에서 미국 캘리포니아로 이민와서 가난한 어린 시절을 보냈으며, 책상 앞에 항상 3가지 목표를 적어놓았다. 첫째 영화배우가 되는 것, 둘째 케네디 가의 여인과 결혼하는 것, 셋째 2005년에 캘리포니아 주지사가 되겠다는 것이었다. 그런데 그는 놀랍게도 3가지 목표를 모두 이루었다. 어떻게 그 꿈을 이루었을까? 아놀드는 미스터 아메리카가 되기 위하여 힘든 보디빌딩 훈련을 하면서 항상 시합장에 출전하여 우승컵을 손에 들고 관중의 환호에 답하는 자신의 모습을 상상했다. 자신이 달성하고자 하는 최종 목표를 향해 몰입하는 레이저 사고로 훈련에 임하여 높은 성과를 거두었다. 아놀드의 레이저 사고는 영화배우가 되겠다는 것과 케네디가의 여인과 결혼하겠다는 목표를 이루게 했고, 세 번째인 2005년 캘리포니아 주지사가 된다는 목표는 놀랍게도 2003년 보궐선거로 2년 먼저 이루었다.

그러므로 진정으로 바라는 것이나 이루고자 하는 것이 있으면 이미 달성된 모습을 마음속에 선명히 그려보라. 그리고 원하는 것을 이룬 자신의 모습을 향해 하루하루 전진하라.

신뢰 형성 능력

오픈마인드

"의인막용 용인물의(疑人莫用 用人勿疑) – 사람을 고용할 때 의심이 가거든 쓰지 말고, 사람을 썼거든 의심하지 말라."

『명심보감』에 나오는 말이다. 사람과 사람이 만난다는 것이 얼마나 소중한 인연인가? 그러므로 한번 인연을 맺은 사람과의 관계를 소중하게 생각하라는 교훈이다.

멘토는 멘티에게 열린 마음으로 믿음을 주고, 자신도 멘티를 믿어야 한다. 멘티는 멘토에게 다가서기가 조금은 어렵고 부담스러울 수도 있다. 일반적으로 멘토는 직장에서나 인생에서 선배일 경우가 많으므로 선뜻 마음을 열고 대화하기가 쉽지 않을지도 모른다. 이때 멘토가 먼저 마음을 열고 다가선다면 멘티는 쉽게 마음을 열 수 있을 것이다.

마음을 연다는 것은 멘토가 먼저 현재 자신의 모습과 마음을 있는 그대로 보여주는 것이다. 솔직한 대화로 자신의 마음을 전하고 멘티를 위해 헌신하겠다는 마음가짐을 보이면, 멘티는 자기도 모르게 고마움과 기대감을 가지게 되므로 진솔한 마음으로 멘토를 따르며 존경하게 될 것이다. 아울러 멘토는 멘티에게서도 배울 점이 있다는 것을 믿고, 멘티의 지금까지 쌓아온 지식과 실력을 존중해 주고 인정하면서 진솔하게 대한다면, 멘토와 멘티는 한마음이 되어 좋은 관계가 형성될 것이다.

세대 간에는 배움과 경험의 차이가 있기 때문에, 생각하고 표현하는 데 있어 큰 차이가 있다. 멘토는 멘티의 세대가 갖고 있는 특징들이 어떤 것인지를 파악해 보는 좋은 기회로 삼아야 한다. 그리고 세대 간에 발생하는 차이점들을 수용하며 이해하는 마음이 필요하다.

오픈모델링

민족의 지도자로 추앙을 받는 백범 김구 선생이 애송하던 사명대사의 시 한 수가 있다.

눈 덮인 들판을 걸어갈 때(踏雪野中去)

함부로 걷지 말지어다(不須胡亂行)

오늘 내가 걸어간 발자국은(今日我行跡)

훗날 뒷사람의 길이 되리니(遂作後人程)

멘토는 선배로서, 스승으로서, 앞서가는 길잡이로서 자신의 언행을 항상 올바르고 투명하게 해야 한다. 뒤에서 따라오는 후배에게 이정표가 되기 때문이다. 그러므로 멘토는 모든 언행에 신중을 기해야 한다. 아울러 멘토로서 한 점의 부끄러움도 없이 투명하게 오픈된 모델이 되라는 뜻이기도 하다. 멘티는 멘토에게서 배우려는 자세로 멘토링 활동에 임하기 때문에, 멘토의 일거수일투족(一擧手一投足)이 멘티에게는 매우 중요하다. 시켜서는 안 하지만 따라는 한다. 그렇기 때문에 멘토는 멘티의 경력 개발과 조직에서의 성공이 멘토에게 달려 있다는 사명감을 가지고 멘티를 대해야 한다.

멘토가 되면 자신의 언행을 다시 한번 뒤돌아보고 올바르고 성실하게 사고와 언행을 조심하여 좋은 본보기가 됨으로써, 멘티의 성공은 물론 조직의 성과 향상에도 큰 영향을 끼친다는 사실을 명심해야 한다.

신뢰 형성 모델, 짐 콜린스의 멘토 피터 드러커

세계적으로 유명한 『성공하는 기업들의 8가지 습관』의 저자이며 경영 컨설턴트로 유명한 짐 콜린스이지만, 그도 한때는 무명이어서 아무도 알아주지 않던 시절이 있었다.

그 시절, 콜린스에게 조언을 해준 멘토가 바로 피터 드러커였다. 그의 베스트셀러가 빛을 보기 전까지 콜린스는 많은 무명작가 중 한 명이었을 뿐이었다. 하지만 그의 지인 중 한 명이 피터 드러커를 알고 있었고, 콜린스는 그에게서 만나고 싶다는 음성메시지를 받게 된다.

"난 피터 드러커요. 시간이 있으면, 내가 사는 캘리포니아주 클래어몬트로 와줄 수 있겠소?"

피터 드러커가 남긴 메시지를 듣고, 콜린스는 흥분해서 바로 전화를 걸었고 약속을 잡았다. 인생의 대선배인 드러커와의 짧은 만남은 그의 인생을 완전히 바꾸어놓았다. 그는 드러커를 만나 컨설팅 일을 하고 싶다고 말했다. 드러커는 왜 컨설팅 일을 하고 싶은지 물었고, 콜린스는 호기심도 있고 영향력을 가질 수 있기 때문이라고 대답했다.

"당신은 이미 하려는 일의 실체에 많이 접근해 있군요. 그리고 마케팅을 중시하는 편이기도 하고요. 그런데 당신은 사업을 운영할 아이디어를 내는 것과 회사 조직을 만드는 것 중에 어떤 것을 먼저 할 겁니까?"

콜린스는 망설이다가 회사 조직을 먼저 만들겠다고 대답했다. 그러자 드러커는 그에게 먼저 조직을 만들어서는 안 된다며 그 이유를 말했다.

"당신이 조직을 만드는 순간 부양해야 할 식구가 많이 생기기 때문입니다. 식구들을 부양하려고 사업 아이디어를 짜낸다면 당신이 받는 존경과 조직원에 끼칠 수 있는 영향력은 크게 추락할 것입니다. 순수한 마음으로 아이디어를 내고 실천하는 것을 가르치는 것과 먹고살기 위해 아이디어를 내는 것에는 큰 차이가 있기 때문입니다.

당신은 누구를 위해 싸울 것입니까? 분별력과 인품이 훌륭한 사람들의 생각에 영향을 미치기 위해 싸워야 합니다. 만약 당신이 그들로부터 신뢰를 얻지 못한다면 당신은 고객의 신뢰도 잃게 될 것입니다. 적을 향해 쏜 화살이 방향을 바꿔 당신에게로 돌아오게 되는 셈이지요. 그렇게 되면 당신은 화살에 맞아 죽겠지요?"

이 말은 듣는 순간 콜린스는 충격을 받았다. 조직을 운영하거나 컨설팅 일을 하는 데 꼭 필요한 것은 올바른 사람의 아이디어를 올바르게 이용하는 것이라는 말이었다.

조직을 만들어 키우는 것은 쉽지만 정당하지 못한 방법이나 기회를 이용하려는 유혹을 떨치지 않으면 더 큰 낭패를 볼 수도 있기 때문이었다. 이후 콜린스는 어떤 일을 시작할 때마다 그의 멘토인 피터 드러커의 가르침을 떠올렸다. 그리고 시간이 나는 대로 드러커를 만나 조직 구성원과 조직의 미래경영에 대해 많은 교훈을 얻으며 멘토링을 받았다.

한 사람의 멘토가 한 사람의 멘티에게 준 교훈과 영향은 수많은 조직 구성원들의 근무 분위기를 좋게 해주고, 가치관을 개선시켜 나가게 한다.

3 커뮤니케이션 능력

미리 욕구를 파악한다

교육 시간에 팀장이 한 장의 그림을 말로 설명한다. 다른 교육생들은 그림을 보지 못하고 말로 설명하는 내용을 잘 듣고 그림을 그린다. 설명이 끝나고 나서 그림을 보여주면, 교육생들은 팀장과 자신들 간의 커뮤니케이션이 얼마나 엉터리였는지에 놀란다.

제대로 알아듣지 못한 교육생을 원망하는 팀장과 제대로 설명하지 못했다고 팀장을 나무라는 교육생들의 원망이 강의실을 가득 채운다. 그리고 커뮤니케이션의 어려움과 중요성을 깨닫게 된다. 자신이 말한 단어를 상대방도 똑같은 의미로 받아들일 것이라고 착각한 팀장은 자신의 빈약한 설명을 사과한다.

자신이 상대방의 말을 열심히 듣기만 하면 상대방의 말하는 의도를 정확히 이해할 수 있을 것이라고 착각했던 교육생들은 상호 간의 피드백이 없이는 결코 완벽한 의사소통이 불가하다는 것을 깨닫는다.

커뮤니케이션의 어원은 라틴어 'Communis(공통, 공유)'에서 유래되었다. 이는 지식, 정보, 의견, 감정 등을 공유하는 활동으로서, 두 사람 이상의 사람들이 언어나 비언어적인 전달 매체를 통해 의사(Opinion), 감정(Sentiment), 정보(Information)를 서로 피드백을 통해 교환하는 과정을 말한다.

멘토는 멘티와 여러 가지 커뮤니케이션 도구를 이용하여 멘토링 활동을 한다. 대화를 하거나, 글로 써서 돌려 읽기도 하고, 함께 등산이나 스포츠를 하기도 하며, 실습을 하면서 설명하기도 한다. 이때 멘토는 멘티가 얼마나 그것에 대해 알고 있는지를 사전에 질문을 통해 파악해야 한다.

그리고 나서 멘티가 모르거나 더 알고 싶어하는 만큼만 가르쳐주면 된다. 이미 알고 있는 내용을 무작정 많이 설명할 필요는 없다. 설명 도중 얼마나 이해했는지, 무엇을 얼마나 더 알고 싶어하는지를 질문하면서 정보를 제공해 주면 된다. 또한 말하는 내용뿐만 아니라 음성이나 제스처를 통해 멘티의 반응을 살피면서, 멘티가 느끼고 있는 감정을 잘 파악해야 한다. 진정한 커뮤니케이션은 서로의 감정이 공감대를 이루는 공감적 대화라고 할 수 있기 때문이다.

공명의 예술

공명(共鳴)이란 어떤 소리가 외부 음파(音波)에 자극되어 이와 동일한 진동수의 소리를 내는 현상을 말한다. 인간관계 커뮤니케이션에서는 다른 사람의 마음을 공감(共感)하여 이해하는 현상을 말하기도 한다.

커뮤니케이션은 3요소로 TPO를 꼽는다. 시간(Time), 장소(Place), 상황(Occasion)에 맞는 커뮤니케이션을 해야 한다는 것이다.

노래를 한 곡 부르는데도 장소나 사람들의 분위기에 적합한 노래를 골라서 불러야 하는 것처럼, 커뮤니케이션에 있어서는 모인 사람의 수준이나 장소 그리고 타이밍에 맞는 이야기를 해야 한다. 그러므로 멘토는 멘티와 멘토링을 하는 시간과 장소, 그리고 상황에 맞는 대화를 하도록 노력해야 한다.

커뮤니케이션의 내용은 그날의 멘토링 목적과 관련된 내용이어야 한다. 멘토링은 서로 바쁜 시간을 쪼개어 하는 것이니만큼 짧은 시간 동안 이루어지기 때문에, 상호 간에 오고 가는 대화의 초점이 잘 맞아야 멘토링의 효과를 높일 수 있다. 그러나 일단 목적에 맞는 내용이었다고 해도 듣는 이의 마음에 와 닿는 것이 아닌 이야기는 피하도록 해야 한다. 멘토링 대화는 마음을 터놓고, 마음이 오가는 대화여야 하기 때문이다.

그리고 말투와 제스처는 편안하고 자연스럽게 한다. 요란한 제스처를 쓰지 말고, 어깨에 힘을 뺀 상태에서 부드러운 표정으로 자연스럽게 사용하는 것이 좋다. 아울러 유머가 있는 즐거운 분위기와 밝은 화제로 자연스러운 웃음이 나오도록 하면 좋다. 요즘 '웃음경영'이 유행하고 있듯이 '웃음 멘토링'을 실천한다면 멘토가 신바람을 일으킬 수 있을 것이다.

특히 멘토링 대화의 궁극적인 목표는 멘토링을 통해 멘티의 잠재능력을 개발하는 데 있음을 잊지 말고, 끝까지 잠재능력개발의 말고삐를 놓지 말아야 한다. 또한 멘티가 하는 말을 인정하고 격려해 줌으로써, 멘티의 자신감에 의해 아이디어와 좋은 창의적 발상이 샘솟도록 해야 한다.

이것이야말로 공명의 예술이 아니겠는가?

4 멘티 보호 능력

커리어 리스크 방지

훌륭한 멘토는 멘티가 자신의 미숙함 때문에 불필요한 실수를 하지 않도록 방지해 준다. 특히 상사와의 관계에서 돌이킬 수 없는 실수를 한다면, 멘티의 경력개발에 커다란 장애가 생기게 된다. 더구나 주위의 동료들이나 부하와 좋지 않은 인간관계로 인하여 조직생활이 어려워질 때, 멘토는 멘티에게 합리적인 해결책을 계획하고 실천하도록 기회를 제공해 주어야 한다.

적성에 맞지 않는 직무를 맡게 되었거나, 너무 오랫동안 동일한 직무를 담당하여 매너리즘에 빠져 있을 경우에도,

멘토는 이에 대한 해결책 모색으로 멘티의 잠재능력을 발휘토록 도와준다.

'대장금'에서 장금은 장덕이라는 훌륭한 멘토를 만난다. 장덕으로부터 의술과 현장에서 발생할 수 있는 위험에 대처하는 생생한 교훈을 얻는다.

"현실을 알고 그 위에 서는 거야. 사람을 끌어들일 줄도 알아야 하고, 힘을 행사할 줄도 알아야 해."

장덕의 이 말은 장금에게 현실을 파악하여 리스크를 최소화해야 한다는 교훈을 주었다. 멘토는 멘티가 자신의 위험을 인식케 하고 이를 예방하여, 자기계발과 성공 전략을 수립하게 함으로써 자신의 커리어 리스크(Career Risk)를 방지할 수 있도록 도와준다.

비즈니스 리스크 방지

훌륭한 멘토는 멘티가 조직생활에 적응하는 과정에서 업무상이나 고객관리상 또는 조직의 규칙 준수에서 발생하는 비즈니스 리스크(Business Risk)를 방지하도록 도와준다.

멘티가 조직에서 프로젝트를 맡게 되었을 때, 담당자가 갖추고 있어야 할 도덕적·사회적·직무상 규범과 행동원칙을 잘 알려줌으로써, 예상되는 업무상의 위험을 방지하도록 도와준다. 조직생활에서의 실수는 평생 멘티의 성공에 짐이 될 수도 있다. 멘토는 과거에 얻었던 경험과 지혜를 나눔으로써, 멘티의 위험과 실패를 예방하거나 복구하도록 도와주어야 한다.

이러한 멘토의 멘티 보호 역량은 사랑에서 나온다. 인간의 인격과 생활을 구성하는 기본적인 요소가 사랑이다. 사랑은 행복을 구성하는 기본 원리다. 사랑은 인간 최대의 자본이요, 최강의 힘이다. 사랑의 첫 단계는 자기애다. 자기를 사랑하는 멘토는 멘티를 사랑으로 이끈다. 사랑은 멘티를 보호하는 최선의 무기이다. 멘토는 사랑이라는 무기로 멘티와 한 직장에서 한솥밥을 먹는 동안 멘티의 업무상 실수와 위험을 막아주는 역할을 해야 한다.

과거에 조직 내에서 업무상 당할 뻔했던 커다란 위험을 막아준 선배가 생각나는가? 그런 선배가 있었다면 당신은 참으로 행복한 사람이다. 그 선배가 바로 비즈니스 리스크를 방지해 줌으로써 고마운 멘토의 역할을 해준 사람이기 때문이다.

4장

멘토는
동기 부여 전문가

칭찬이나 인정 받는 것이나 인내 혹은 감당하는 능력을
바라지 않는 사람은 한 사람도 없다. 누구나 칭찬을 좋아한다.

헨리 워드 비처

1 멘티의 욕구 파악

멘티의 4대 욕구

동기는 인간이나 동물로 하여금 어떤 목적을 향하여 특정한 행동을 취하도록 유도하는 것이라고 정의할 수 있다. 그러므로 동기는 어떤 특정한 목표를 향해 에너지를 동원하는 것이며, 이러한 힘의 작용에는 반드시 역동적 측면이 포함된다.

이나모리 가즈오 교세라 회장은, "성공을 위해서는 반드시 성공하고야 말겠다는 강렬한 욕망이 우리의 잠재의식 깊숙이 박혀 있어야 한다."고 말했다. 강렬한 욕망이 동기 부여의 원천이라는 말이다. 그러면 강렬한 욕망을 끌어내는 방법은 무엇일까?

그러려면 멘티에게 멘토를 위해 어떤 일을 해달라고 부탁하는 것이 아니라, 아이디어를 묻고 도와달라고 부탁해야 한다. 그렇게 하면 멘티는 인정받았다고 느끼고, 아이디어를 내기 위해 애쓸 것이다. 윈스턴 처칠은 이렇게 말했다.

"다른 사람에게 가치를 '습득'하게 하는 최선의 방법은 그것을 그에게 '귀속'시키는 것이다."

멘티가 뭔가 중요한 일을 할 수 있고, 반드시 해낼 것이라고 생각하고 있다는 것을 멘티에게 분명하게 알려주는 것이 필요하다는 것이다.

훌륭한 멘토는 언제 어디서나 멘티에게 동기를 잘 부여한다. 동기 부여를 잘하는 멘토는 멘티와 만났을 때, 멘티가 무엇을 갖고 싶고(Have), 하고 싶고(Do), 이루고 싶은지(Be)를 잘 파악한다.

교육 시간에 멘티들에게 가장 중요한 욕구를 기록하여 발표하게 해보면, 대부분 다음과 같이 나타난다.

첫 번째, 인정받고 싶은 욕구가 강하다.

좋은 학교를 나와 어렵사리 입사 시험이라는 관문을 뚫고 들어온 인재인데, 신입사원이라고 너무 어리게만 보는 것은 싫다는 것이다. 자신의 능력을 인정해 달라는 아우성이다.

두 번째는 무언가 성취하고 싶은 욕구가 강렬하다.

빨리 업무에 투입되어 성과를 내고 싶다는 얘기다. 좀 성급해 보이기는 하지만 대부분의 신입사원들은 대단한 성취동기의 욕구를 가지고 있다.

세 번째는 참여하고 싶은 욕구가 있다.

업무나 프로젝트를 계획하고 설계하는 단계에서부터 추진 과정에까지 자신을 참여시켜 달라는 말이다. 함께 의견을 내기도 하고, 참여하면서 일을 배우고 싶어하는 욕구가 강하므로, 상사가 시키는 일만 하고 싶지는 않다는 것이다.

네 번째는 개인적으로나 직업적으로 성장을 하고 싶은 욕구가 강하다.

개인적으로 결혼도 하고 경제적인 안정도 갖추고 싶고, 직업적으로도 능력껏 승진하여 중대한 업무를 담당하는 중요한 인물이 되고 싶다고 한다. 성장 속에서 조직생활의 보람을 찾을 수 있을 거라는 기대가 대단한 것이다. 훌륭한 멘토는 멘티의 이러한 욕구를 잘 파악하여, 그 욕구에 걸맞게 멘티에게 동기를 부여해야 한다. 멘티의 욕구는 매우 다양하며, 멘토는 다음의 성격 · 학습유형에 맞추어 멘토링 활동을 전개해야 한다.

POSA 성격 · 학습유형 매트릭스

훌륭한 멘토는 멘티의 성격을 잘 파악하여 그 성격에 맞게 대한다.

원래 인간은 나름대로 자신에게 편하게 느껴지며 익숙한 쪽으로 선호하고 받아들이려는 경향이 있다. 이러한 경향은 선천적 또는 후천적으로 형성된 것이며, 대화나 행동을 통해 파악이 가능하다.

어떤 사람들은 그들의 에너지가 향하는 방향이 외향적이거나 내향적이다. 또는 업무를 추진할 때에 자기 주도적인 사람이 있는 반면, 다른 사람들과 상호 의존하면서 추진하는 것을 좋아하기도 한다. 어떤 사람들은 냉철하고 논리적인 사고에 강한 반면에, 다른 사람들은 상대방의 느낌과 감정에 민감하게 반응하는 감성적인 면이 강한 경우도 있다. 또한 배우는 스타일도 서로 다르다. 스스로 배우려 하는 사람이 있는가 하면, 자세하고 꼼꼼하게 가르쳐주어야 잘 배우는 사람도 있다. 이론적인 설명을 먼저 해주기를 원하는가 하면, 행동으로 먼저 해보고 싶어하는 사람도 있다.

이러한 사람들의 특성을 진단하여 하나의 도표로 만든 것이 POSA 성격 · 학습유형 매트릭스이다.

사람들의 성격 · 학습유형은 성과를 지향하는 성향이 매우 강한 성과형(Performance Style)과 사람들과 사교적으로 개방을 지향하는 개방형(Open Style), 다른 사람들에게 협조적으로 지원해 주는 성향이 강한 지원형(Supporting Style), 그리고 논리적인 분석과 안전을 추구하는 분석형(Analytical Style)으로 분류된다.

멘토는 자신의 유형을 진단하여 이해함은 물론, 멘티의 유형을 숙지하여 멘티에게 가장 편하고 효과적인 대화와 멘토링을 해야 한다. 이 진단은 멘토링코리아컨설팅의 교육을 통해 가능하며 효과적인 멘토링 활동을 추진하는 데 도움이 된다.

2 공감대 형성

래포 형성

공감대 형성이란 무엇일까? 훌륭한 멘토는 누구에게나 공감대 형성을 잘한다는데, 어느 날 멘티가 다가와 이렇게 하소연을 한다면 어떻게 대응할까?

"제가 난생처음 큰 프로젝트를 맡게 되었습니다. 그런데 혼자서는 이 일을 다 처리할 수 없습니다. 그래서 동료에게 협조를 부탁했지요. 그런데 동료가 전혀 협조해 주지 않아 고생하고 있습니다. 나중에 동료에게 왜 협조를 안 해주느냐고 물었더니 오히려 저에게 화를 내는 겁니다. 도대체 왜 이제야 협조해 달라는 거냐고 하면서, 진작 말하지 않은 것을 원망하고 있습니다."

여기에서 멘토는 멘티가 동료와의 사이에서 프로젝트의 중요성과 상호 협조할 사항에 대하여 사전에 공감대 형성을 못했음을 일깨워주어야 한다.

공감대 형성이란 주로 두 사람 사이의 상호 신뢰를 나타내는 심리학 용어로, 래포(Rapport)라고도 한다. 이것은 마음이 서로 통하고, 말한 것이 충분히 이해가 되며, 무슨 일이라도 털어놓고 말할 수 있다고 느껴지는 관계를 말한다. 그러면 훌륭한 멘토는 어떻게 공감대를 형성하는가?

먼저 상대방의 의견을 귀담아 경청한다. 그 사람이 하는 말의 내용은 물론 말을 하게 된 동기와 정서적 상황까지도 이해하려는 마음으로 잘 새겨듣도록 한다. 특히 말을 하는 사람의 눈빛과 음성의 강약, 제스처 등 신체적 언어까지도 신경을 써서 듣는다.

경청한 다음에는 자신의 의견을 구체적이며 자세하게 이야기한다. 아울러 자신의 의견을 다른 사람이 모두 이해했는지를 확인한다. 이어서 공정한 기준과 원칙으로 모두에게 최선인 지혜를 구하여, 가장 적합한 제3의 대안으로 결론을 도출한다.

이때 서로의 입장이 다를 수 있으므로 사실상 모두에게 유익한 대안을 창출해 내는 것이 어려울 수도 있다. 그러나 서로에게 이익이 되도록 하겠다는 마음으로 충분한 대화를 통하여 합리적인 결론을 이끌어내야 한다.

역지사지

훌륭한 멘토는 항상 멘티의 입장에서 생각하고 행동을 한다. 즉, 역지사지(易地思之)의 마음을 갖추고 있다.

"아주 오랜 옛날에, 호랑이와 암소가 결혼을 했다가 한 달 만에 이혼을 했다. 호랑이는 암소를 너무나도 사랑했다. 호랑이는 멧돼지 고기를 좋아했지만, 사랑하는 암소를 생각하여 연한 살을 가진 사슴을 잡아 암소에게 갖다주었다. 암소도 호랑이를 너무나 사랑하여 자신이 좋아하는 억새풀보다 연한 풀을 뜯어다 호랑이에게 갖다주었다. 식사 시간이 되어 서로 눈만 멀뚱멀뚱 바라보며 웃기만 하다가 아무것도 먹지 못하고 지내기를 한 달. 둘은 결국 이혼을 하고 말았다."

우리 주변에서 이런 일이 일어나고 있지 않다고 장담할 수 있는가? 상대방의 입장과 마음을 헤아리는 것은 너무나 어렵기 때문이다.

훌륭한 멘토는 항상 멘티의 입장에서 생각하고 배려해야 한다. 먼저 멘토가 멘티의 입장에서 대화를 나누고 행동할 때, 멘티에게 존경심과 자신감이 우러날 것이다.

3 발견 질문

질문의 힘

"마실 물을 떠 오너라."

"......."

"마실 물을 떠 와!"

"예에!"

장금은 나가서 물을 떠온다. 한 상궁은 물은 거들떠보지도 않은 채 말한다.

"다시 떠 오너라."

장금은 다시 밖으로 나가 물을 떠 온다. 역시 한 상궁은 물을 마시지도 않고 장금에게 냉정하게 말한다.

"내일 아침에 일어나면 다시 떠 오너라."

그날 밤, 장금은 잠을 이루지도 못한 채 이리저리 뒤척이면서 고민에 고민을 거듭한다.

"마마님은 왜 자꾸 물을 떠 오라고 하실까? 오늘은 친구인 창이한테 물어봐야지."

그 다음날 창이에게 물어보았으나 창이의 상궁마마님은 물을 떠 오게 하지 않는단다. 장금이는 바가지에 버들잎을 몇 장 띄워 들고 다시 한 상궁에게 간다.

떠 온 물을 본 한 상궁의 대답은 한결같다.

"내일 아침 다시 떠 오너라."

그리고 아주 냉랭하게 불을 끄고 자리에 돌아눕는다.

그러다가 계속되는 황사로 궁궐의 음식들이 변질되고, 대전 수라상의 음식까지 변질되기 시작하면서 수라간은 발칵 뒤집힌다. 이때 장금은 평소에 알고 있던 지식대로 물을 끓여 음식을 하고 설거지를 하였다. 이러한 모습을 본 한 상궁이 장금에게 묻는다.

"뭘 하고 있었느냐?"

"아직 설거지를……."

"지금 이 물을 끓여 설거지를 한 것이냐?"

"예."

"왜지?"

"토우 때문인지 우물물도 흙탕물이 되어, 물을 끓여 설거지를 하고, 물을 식혀야 식재료를 씻을 수 있기에……."

한 상궁과 최 상궁은 깜짝 놀란다.

"그리 하라고 누가 일러주었느냐?"

한 상궁은 장금에게 다시 물었다.

"그건 아니옵고……."

"그럼 네 스스로 알아 그리 하였느냐?"

"어머니께서 토우가 일 때면, 물이 흙탕물이 되어 음식에 흙이 씹히고 냄새가 나고 금세 쉰다고 늘 이렇게 하셨습니다. 사람들이 이 간단한 이치를 몰라 장마가 지고 흙비가 성할 때면 역병이 도는 거라 하셨습니다."

한 상궁과 최 상궁은 장금의 지혜에 몹시 놀라며, 주위의 다른 나인들을 크게 꾸짖고, 바로 대비전 소주방과 동궁전 소주방에 이 사실을 알리고 즉각 시행토록 하였다.

이 사건이 있은 뒤 한 상궁의 처소에 함께 앉아 있는 장금이의 얼굴이 사뭇 긴장되어 있었다. 이때 한 상궁이 다시 물을 떠 오라고 한다.

"마실 물을 떠 오너라!"

"……."

이번에는 장금이는 냉큼 일어나 물을 뜨러 가지 않는다.

"물을 떠 와."

한 상궁은 물을 떠 오라고 다그친다. 그러나 장금은 오늘 토우를 끓여 설거지를 한 것에 대해 칭찬을 들었기에 용기를 내어 한 상궁에게 묻는다.

"어찌하여 자꾸 물을 떠 오라 하십니까? 따뜻한 물도 안 되고, 찬물도 안 되고, 나뭇잎을 띄워 와도 안 되고."

이 질문에 한 상궁의 얼굴이 환해진다. 그리고 장금이를 지그시 바라보며 천천히 말을 시작한다.

"너는 이미 알고 있느니라!"

"……?"

궁금해하는 장금을 바라보며 한 상궁은 묻는다.

"어찌하여 흙비를 끓였더냐?"

"어머니께서 그리 하시는 것을 보았기에……."

"어머니께서는 왜 그리 하셨느냐?"

"혹 제가 어디 아플까 염려하시어……."

여기까지 대답을 하던 장금은 잠시 대답을 멈추고 갑자기 뭔가 생각이 떠오른 듯이 눈빛을 반짝인다.

"아!"

이를 본 한 상궁은 지그시 웃으며 묻는다.

"물을 떠 오겠느냐?"

뭔가를 깨달은 듯 기쁘고 흥분한 표정을 지으며 장금은 되묻는다.

"혹 아랫배가 아프시지는 않으신지요?"

"아니다."

"혹 목이 아프지는 않으신가요?"

"원래 목은 자주 아프구나."

한 상궁의 대답을 듣자마자 장금은 조르르 나가서 김이 나는 따뜻한 물을 떠 와 한 상궁에게 올린다. 한 모금 마셔보고는 흡족해하는 듯한 한 상궁에게 장금이는 말한다.

"따뜻한 물에 소금을 아주 조금 넣었습니다. 한 번에 들이키지 마시고, 차처럼 천천히 드십시오."

"그래, 고맙다. 어머니께서 물 한 사발 주시면서도 그리 많은 것을 물어보시더냐?"

"예. 아랫배는 차지 않은지, 목은 아프지 않은지, 꼬치꼬치 물으시고는 찬물을 주기도 하시고, 따뜻한 물을 주기도 하시고, 단물을 주기도 하셨습니다."

"그래! 바로 꼬치꼬치 묻는 것, 그게 내가 너에게 물을 떠오라 한 뜻이다. 음식을 하기 전, 먹을 사람의 몸 상태와 좋아하는 것, 싫어하는 것, 받는 것과 받지 않는 것, 그 모든 것을 생각하여 음식을 짓는 마음. 그게 요리임을 얘기하고 싶었다. 허나 너는 어머니를 통해 이미 알고 있었구나. 너의 어머니는 참으로 훌륭한 분이다."

돌아가신 어머니 이야기에 어린 장금은 눈물을 흘린다.

"어머니께서는 '물도 그릇에 담기면 음식인 것'을 알고 계셨던 분이다. 또 그것이 음식이 되는 순간엔 먹는 사람에 대한 배려가 제일임을, '음식은 사람에 대한 마음'임을 알고 계신 분이었구나! 네가 그런 훌륭한 분의 딸인 것도 모르고, 나도 다른 사람들처럼 부모 없이 자란 아이라 마음만 앞서 윗사람들 눈에나 들려는 아이로 오해를 하였구나."

한 상궁의 얼굴에 진지함이 흐른다.

"버르장머리를 고친다는 것이 오히려 내가 한 수 배웠어."

겸손한 한 상궁의 말에 장금은 감동하여 눈물을 주르르 흘린다.

"이제 그만 울거라! 그리고 앞으로는 울지 마라. 이 방에 처음 널 데려왔을 때 한시바삐 최고상궁이 되고 싶다는 네 말이 난 듣기 싫었다. 나는 네가 왜 그런지 모른다! 허나 맘이 약해서는 네가 그리도 빨리 되고 싶어하는 최고상궁이 되지 못한다."

그 말에 장금은 두 손으로 눈물을 닦으며 반드시 최고상궁이 되리라는 결의를 다진다.

8살의 어린 장금에게 물을 떠 오게 하면서도 스스로 물을 왜 떠 오라 하는지 질문을 할 때까지 기다린 한 상궁의 인내심과 한 상궁을 끝까지 존경하는 마음으로 따르려 한 장금의 겸손한 성실성이 만나, 어느 날 문제를 해결하게 된 두 사람 사이의 아름다운 이야기는 멘토링의 진수를 가르쳐준다.

"질문을 해!"라고 한마디만 하면 될 것을 이렇게 장금이가 스스로 깨우치게 한 한 상궁의 품성과 덕성에서 배울 점이 많다.

멘토는 멘티가 스스로 생각하고 깨우치게 하기 위하여 많은 질문을 해야 한다. 질문을 하면 멘티 스스로 성장하는 것을 보게 될 것이다. 이것이 질문의 힘이다.

자존심 살리기

훌륭한 멘토는 멘토링 활동을 하면서 멘티에게 자주 질문을 한다.

질문이란 모르는 정보에 대해 알고 싶어 물어보는 것이다. 사람들은 질문을 받게 되면 답변을 하기 위해 여러 가지를 생각하게 되기 때문에 사고의 폭이 넓어지게 된다. 특히 멘토는 이미 해답을 알고 있으면서도 멘티가 스스로 생각하도록 질문을 하는 경우가 있다. 이러한 질문을 발견질문(發見質問)이라 한다.

멘토링 활동 중에 멘티가 자신의 상사에 대해 불평할 수 있다. 예를 들어, 아침 회의가 있는 날 멘티가 지각을 했는데 상사가 너무 엄격하게 통제한다고 불만을 말한다면, 이때 멘토인 당신은 멘티에게 어떻게 말해 주겠는가?

"아침 회의 시간에 지각을 하다니, 도대체 정신을 어디에 두고 다니는 거죠? 정신 좀 차려야겠네요." - 비난

"조직원이 지각을 하면 안 됩니다. 물론 사정이야 나름대로 있었겠지만 출근 시간은 반드시 지켜야지요." - 충고

"지각을 한 이유가 무엇인가요?" - 질문

"조직원이 지각을 하게 되면 아침 회의 진행에 어떠한 차질이 발생할까요? 만약 여러 명이 지각을 할 경우, 팀장의 입장에서 겪는 문제는 무엇이 있을까요?" - 발견 질문

비난과 충고는 지각한 사람이 반성을 하도록 만들지 못한다. 누구에게나 변명의 여지는 있으니 말이다. 그러나 질문을 하게 되면 좀더 깊이 생각을 하게 된다. 특히 발견 질문을 하게 되면 스스로 문제의 핵심을 생각하게 되고, 자신의 행동으로 인해 파생되는 영향을 생각하여 반성하게 한다. 그리고 스스로 해결책을 발견하게 함으로써 멘티의 잠재능력을 개발하도록 도와준다. 아울러 발견 질문은 멘티의 자존심을 상하게 하지 않는다. 또한 상대방 입장을 고려하도록 시각을 확대해 주며, 올바르게 행동하겠다는 실천 의지를 높이는 효과가 있다.

신바람 발견 질문

발견 질문을 하더라도 스스로 잘못한 사실을 인정하거나 해결책을 답하기가 쑥스러운 경우가 있다. 이때 훌륭한 멘토는 멘티의 입장을 곤란하지 않도록 신바람을 살리는 발견 질문을 한다.

발견 질문이란 질문 속에 멘티의 개선 의지를 담아서 묻는 것이다. 그러므로 마음 편하게, 멘티의 자존심을 상하지 않게끔 부드럽게 넘어간다.

이제부터는 절대로 지각하지 말라고 훈시하는 것보다, 다음과 같이 신바람을 살리는 발견 질문을 해보라. 서로 웃으며 부드럽게 말하면서도 충분히 훈시의 효과를 거둘 수 있을 것이다.

"이제부터는 무슨 일이 있어도 지각을 하지 않겠다고 결심하였지요? 지각을 하지 않기 위하여 아침에 집에서 10분 더 일찍 출발하려고 생각한 것 같은데, 맞나요?"

이러한 발견 질문을 한다면, 아마도 지각한 사람은 멋쩍게 웃으며 "네."라고 대답할 것이다. 비록 스스로 결심을 말하지 않았다 하더라도 그 마음속에는 상사에 대한 신뢰와 존경, 그리고 개선의 의지가 함께 용솟음치지 않을까?

4 피드백

긍정적 피드백

멘티는 멘토의 긍정적 피드백에 의해 자란다. 멘토가 멘티에게 주는 긍정적 피드백은 구체적이며 진솔한 칭찬이다. 마음을 담아 건네주는 칭찬이 멘티의 마음으로 전달되어 단비처럼 내린다.

2002년 한일 월드컵 본선 조별 예선전 마지막 경기였던 포르투갈과의 혈전에서, 멋지게 골을 넣은 박지성이 골 세리머니도 없이 그대로 히딩크 감독에게 달려가 덥석 안겼다. 이를 지켜본 관중들은 감동의 함성을 지르며, 이 아름다운 장면에 눈시울을 붉혔다. 박지성은 왜 이런 행동을 했을까?

미국 골드컵 때라고 기억된다. 나는 왼쪽 다리 부상으로 경기에 나가지 못해 텅 빈 탈의실에 혼자 남아 있었다. (중략) 맥이 빠져 있었다.

그런데 어디선가 히딩크 감독님이 통역관을 대동하고 나타났다. 성큼성큼 나에게 다가오신 감독님은 영어로 뭐라고 말씀하셨다. 무슨 말인지 몰라 통역관을 바라봤다. "박지성 씨는 정신력이 훌륭하대요. 그런 정신력이면 반드시 훌륭한 선수가 될 수 있을 거라고 말씀하셨어요."

얼떨떨했다. 뭐라 대답도 하기 전에 감독님은 뒤돌아 나가셨고 나는 그 흔한 땡큐 소리 한번 못했다. 가슴이 두근거렸다. (중략) 그 한마디에 힘이 솟았다. 그 말은 다른 사람이 축구의 천재라거나 신동이라고 하는 소리를 듣는 것보다 더 내 기분을 황홀하게 만들었다. (중략) 나는 그 칭찬을 듣는 순간 머리가 쭈뼛 설 만큼 스스로가 대단해 보였다. 그리고 월드컵 내내 그날 감독님이 던진 칭찬 한마디를 생각하며 경기에 임했다. (중략) 히딩크 감독님이 어디선가 나를 조용한 눈빛으로 격려하고 있을 거라는 생각에 자신감이 생겼다.

미키마우스 박지성 선수가 『내 삶을 바꾼 칭찬 한마디』라는 책에서 자신을 이끌어준 멘토인 거스 히딩크 감독에 대해 감사한 마음을 담아 쓴 글이다. 박지성은 '미역국보다 더 따뜻한 말'이라는 글에서, 2002년 1월 골드컵 때 히딩크 감독에게서 "정신력이 훌륭하다."는 칭찬을 받은 기억으로, 포르투갈 전에서 골을 넣었을 때 무의식중에 달려가 포옹을 했다고 밝혔다. 짧은 칭찬의 힘은 박지성의 인생은 물론 한국 축구 역사를 바꾸어놓았다.

훌륭한 멘토는 칭찬을 잘한다. 칭찬을 할 때는 구체적으로 충분하게, 마음을 실어서 해주어야 좋다. 그러면 칭찬을 받는 사람은 기분이 좋아 자신감이 생기고, 더 많이 칭찬 받으려 애쓰게 된다.

또한 칭찬을 하는 사람도 기분이 좋다. 뿐만 아니라 칭찬을 하게 되면 칭찬할 점을 찾으려 노력을 하게 되므로, 사람을 긍정적으로 보게 된다. 긍정적 피드백은 사람들과의 관계를 긍정적으로 만들어간다.

교정적 피드백

멘티는 멘토의 교정적 피드백에 의해, 올바른 방향으로 일을 하면서 삶의 방향을 바꾸어간다. 멘티는 자신이 올바르지 못한 점을 깨닫게 됨으로써, 좀더 성숙한 리더로 성장하게 된다.

훌륭한 멘토는 교정적 피드백을 할 때 감정을 배제하고 중립적 언어로 말한다. 그리고 간결한 메시지로 피드백 시점에 알맞는 최적 언어를 사용한다. 피드백은 가능하면 즉시 하도록 하며, 피드백 속에 목표 지향적인 메시지가 담겨지도록 말한다. 특히 교정적 피드백을 할 때에는 멘티의 감정이 상하지 않도록 신뢰를 가지고 품위 있게 말한다.

5 인정(認定)

인정 파워

드라마 '대장금'에서 한 상궁은 수라간 최고상궁이 되기 위해 최 상궁과 음식 경합을 벌인다. 이때 한 상궁은 맛을 보지 못하게 된 장금을 자신의 상찬나인으로 임명한다. 맛을 보지 못하는데 어떻게 음식을 만드느냐며 마다하는 장금에게 한 상궁은 진지하게 말한다.

"음식을 하는 데는 두 가지 능력이 필요하다. 하나는 손맛이다. 너는 지금까지 최고의 음식 맛을 내기 위해 피나는 노력을 했고 천부적인 손맛도 있다. 두 번째 능력은 맛을 그려내는 능력이다. 너는 어떤 식재료와 다른 식재료가 더해졌을 때 그것이 어떻게 조화되어 맛이 좋아질 것인지, 나빠질 것인지를 안다."

 한 상궁은 장금에게 음식의 맛을 보지 않고 손끝의 느낌만으로 음식을 만들게 하고 장금이 만든 음식을 직접 먹어보며 맛을 본다. 한 상궁은 맛을 본 뒤 "너는 하면 된다고 하지 않았느냐?"며 장금과 함께 눈물을 흘린다. 음식에 대해 자신감이 있었고 총명한 장금도 자신에게 그런 능력이 있다는 것을 미처 깨닫지 못했다. 장금은 자신의 그러한 잠재능력을 도저히 인정할 수 없어 불안하고 괴로워했다. 그러나 한 상궁이 자신의 능력을 인정하고 믿어줄 때 스스로도 자신의 능력에 대해 놀란다. 훌륭한 멘토는 멘티의 숨겨진 잠재능력을 찾아내 인정해 주어 충분히 발휘할 수 있도록 한다. 멘토는 멘티의 잠재능력을 볼 줄 알아야 하며 인정해 주는 힘, 즉 인정파워를 가지고 있어야 한다.

 훌륭한 멘토는 멘티의 존재 자체를 인정한다. 이는 멘티가 긍정적인 평가를 받고 있고, 멘토가 자신의 노력의 결과를 알아주고 있으며, 스스로 가치 있다고 느끼도록 하는 것을 의미한다. 멘티가 어떤 생각이나 말을 하더라도 모두 수긍한다면 그는 훌륭한 멘토이다. 그리고 멘티가 수행한 행동 모두를 의심하지 않고, 언어적 · 비언어적으로 받아들인다.

 인정을 받는 사람은 기분이 좋아지고, 자신감이 생기며,

힘이 솟는다. 철학자이자 심리학자인 윌리엄 제임스(William James)는 "인간 본성에 가장 깊숙이 내재되어 있는 원리는 인정받고자 하는 욕구이다."라고 말했다.

인정 받는 것은 어떤 일에 몰입을 할 수 있도록 하고, 일에 만족할 수 있도록 한다. 멘티는 자신이 속한 단체의 생산적인 일원으로서 중요하게 여겨지기를 원하고, 또 그렇게 느낄 필요가 있다. 그렇지 못할 때, 사기가 꺾여 회사를 떠나게 되고, 멘토링의 결과는 실패로 돌아간다. 인정은 멘티를 신바람 나게 하고 잠재능력을 개발하도록 도와준다.

인정 행동

사람들은 인정 받고 있다는 사실을 확인하면 매사에 동기를 부여받아 활기를 찾는다. 훌륭한 멘토는 인정한다는 사실을 보여주기 위해 다음과 같이 행동한다.

우선 멘티에게 관심을 보여주고 돌봐주며, 멘티가 중요한 인물임을 말해 준다. 그리고 진실로 멘티를 걱정해 주며 경력 개발을 챙겨준다. 또한 멘티가 말하는 것을 주의 깊게 경청하면서, 멘티의 아이디어를 중요하게 받아들이는 자세를 보여준다. 특히 멘티의 장점을 찾아내어 진지하게 칭찬해 준다. 또한 멘티가 이루어놓은 업적이나 성과를 찾아내어 그 가치를 이야기하고, 더욱더 큰 성과를 기대한다고 말해

준다. 그러면 멘티는 자신감이 생겨 더욱더 노력하고자 하는 마음이 솟아나게 된다.

즉, 존경받는 멘토는 멘티를 인정하는 행동이 멘티를 행복하게 하고 신바람 나게 한다는 것을 잘 알고, 이를 실천하는 사람이다.

5장

끊임없는 **자기계발**

유기체들은 학습의 정도가 주변 환경의 변화 정도보다
크거나 같을 때에만 생존할 수 있다.

하인리히 플릭

1 깨달음의 확장

선지선각자

　조직생활의 전쟁터에서 승리하려면 심신이 건강해야 한다. 사기가 충천하고 강건한 신체를 만들기 위하여 끊임없이 훈련을 거듭해야 하지 않을까?

　훌륭한 멘토는 먼저 자신의 정신과 신체를 갈고닦는다. 그리고 멘티와의 관계에서 모범이 되도록, 자기계발을 게을리하지 않는다.

　"이 세상에는 세 종류의 인간이 있다. 즉, 선지선각자(先知先覺者), 후지후각자(後知後覺者), 부지부각자(不知不覺者)가 있다."

손문의 명저 『삼민주의』에 나오는 말이다. 먼저 알고 먼저 깨닫는 것이 선지선각이요, 나중에 알고 나중에 깨닫는 것이 후지후각이요, 알지도 못하고 깨닫지도 못하는 것이 부지부각이다. 사물의 근본과 핵심과 전체를 바로 보고 바로 깨닫는 것은 결코 쉬운 일이 아니라는 말이다.

"흐르는 물은 사람의 모습을 비춰주지 않는다. 정지하고 있는 물만이 사람을 비춰준다."

『장자』에 나오는 말이다. 먼저 알고 먼저 깨닫기 위해서는 마음을 고요히 하고 관조하며 자신의 내면을 바라볼 줄 알아야 한다.

훌륭한 멘토는 자신의 잘못을 먼저 깨달아야 하며, 멘토링을 하면서 멘티가 잘못한다고 화를 내거나 원망해서는 안 된다. 애정과 사랑으로 끝까지 포기하지 말고 멘티의 잠재력을 끌어내야 한다.

잠재능력 호출자

훌륭한 멘토는 인간의 잠재능력이 어마어마하다는 것을 안다. 인간은 자신이 조절할 수 있는 힘 덕분에 살아간다고 생각하지만, 사실은 우리가 통제할 수 없는 잠재능력에 의해 지배받고 있다.

이 잠재능력을 어떻게 개발하여 호출할 것인가?

훌륭한 멘토는 잠재능력을 일깨워 호출해 내기 위해서는 스스로 깨달음을 반복하면서, 끊임없이 질문하고 사고해야 한다는 것을 안다. 훌륭한 멘토는 자신의 정신적 · 신체적 수준을 높이기 위해 끊임없이 노력할 필요가 있음을 잘 아는 사람이다.

인간의 잠재능력을 개발하려면, 멘토와 멘티가 마음과 마음을 열고 하나가 되어 서로 공감하고 정성을 다해야 한다. 깨달음의 확장이 있을 때에야 잠재능력은 개발되는 것이다.

잠재의식은 멘토의 상상력을 움직일 수 있는 커다란 힘을 가지고 있다. 이 잠재의식이 신체의 모든 기능들을 조절하며 통제하고 조화롭게 만든다. 그리고 잠재의식은 규칙적으로 반복되어 나타나는 느낌이나 감정이 멘토의 생각에 자극을 줌으로써 무의식적인 과정을 통해 물리적 실체로 변환되는 메커니즘이다. 그렇다면 멘토는 어떻게 해야 잠재의식이 긍정적인 힘을 발휘할 수 있도록 할 것인가?

그 해답은 인간의 잠재의식과 서로 작용하는 자아의식에 책임이 있음을 아는 데 있다. 의식은 정원사라고 할 수 있으며, 정원사의 책임은 정원을 가꾸는 데 있다. 그런데 잠재의식은 좋은 씨앗과 나쁜 씨앗을 식별할 수 있는 능력이 없기 때문에 자아의식이 좋은 씨앗을 대신 골라내야 한다.

멘토링을 통해 인생을 바꾸고 싶다면 긍정적인 감정과 생각이 자신의 마음을 지배하도록 하는 것이 중요하다. 의식의 세계가 아름다움, 사랑, 성장, 성공, 행복, 건강, 번영, 꿈과 새로움을 생각하도록 훈련시켜야 하는 것이다.

2 활력의 증대

기찬 하루 보내기

만날 때마다 항상 밝은 미소로 웃으며 인사하는 멘토를 보면서, 멘티는 '오늘도 무언가 좋은 일이 생길 것만 같다'고 예감한다. 멘토는 오늘도 신바람 나게 나의 고민을 하나하나 해결해 준다. 왠지 자주 만나고 싶고, 만나면 즐겁고 힘이 솟게 해주는 사람이므로 그와 만나는 시간이 즐겁다.

훌륭한 멘토는 언제나 신체적·정신적으로 밝고 힘찬 모습을 보여준다. 한마디로 기찬 하루를 열어가는 사람이다. 어떻게 이러한 멘토가 될 수 있을까?

웰빙컨설턴트 권오상은 저서 『기찬 하루』에서 육체적 건간, 정신적 건강, 경제적 건강을 '행복의 3강(康) 방정식'이라고 정의한다. 그리고 '지금 여기에서' 당장 기찬 생활을 시작하라고 한다.

웰빙은 '지금 여기에서' 잘살려는 마음가짐이요, 단순한 물질적 만족이 아닌 삶의 질을 높이는 정신적 만족으로 발전되어야 한다. 돈이 많든 적든, 얼굴이 잘생겼든 못생겼든, 건강이 좋든 나쁘든 간에 '지금 이 상황에서' 잘살려고 노력해야 한다. 나아가 앞으로도 계속 잘살려는 마음과 노력이 바로 웰빙이다.

이 세상에서 가장 소중한 시간은 언제일까? 훌륭한 멘토는 멘티와 만나는 그 순간이 가장 소중한 시간이라고 생각하여 정성을 다한다. 이 세상에서 가장 소중한 사람이 누구일까? 훌륭한 멘토는 지금 만나고 있는 멘티야말로 가장 소중한 사람이라고 생각한다. 가장 소중한 일이 무엇일까? 훌륭한 멘토는 지금 멘티와 함께 멘토링 활동을 하는 일이야말로 가장 소중한 일이라고 믿는다. 가장 소중한 시간에, 가장 소중한 사람을 만나서, 가장 소중한 일을 하는 멘토가 활기차지 않다면 이것은 죄악이라고 믿는다.

그렇다! 멘토의 기찬 하루가 멘티에게 그대로 전염된다면, 우리 사회가 기차지지 않겠는가?

훌륭한 멘토는 과거에도 활기찬 하루를 보냈고, 오늘도 활기찬 하루를 보내고 있으며, 내일도 활기찬 하루를 보내기 위하여 부단히 배우며 노력한다.

조화와 균형 유지하기

신체적인 건강을 유지하려면 바른 식생활을 하고, 규칙적인 운동을 하며, 충분한 휴식을 취해야 한다. 몸에 필요한 영양분이 골고루 함유되어 있는 자연식을 위주로 섭취하고, 몸에 무리가 가지 않는 적절한 운동을 재미있고 규칙적이며 지속적으로 실천하면서, 몸에 쌓인 피로와 스트레스, 노폐물을 모두 내보낼 만큼 충분한 휴식을 취한다면, 우리의 몸은 얼마나 좋아할까? 이 모든 것을 조화롭고 균형 있게 실천할 때, 활기찬 하루가 가능한 것이다.

우리의 일상생활은 너무도 바쁘다. 그러나 꼭 필요한 휴식은 시간을 낭비하는 것이 아니다. 멘토링을 하는 동안이라도 여유를 가져야 한다.

훌륭한 멘토는 활기차면서도 언제나 여유로움을 지니고 있다. 한마디 말에서도, 하나의 동작에서도, 활기와 여유로움이 배어 나오도록 자기계발에 충실한 멘토가 되자.

3 새로운 목표의 창출

독창적인 연결능력

작은 성공을 이루면 새로운 목표를 찾고자 하는 것이 인간의 본능이다. 인간은 성장하고자 하는 욕구를 갖고 있기 때문에 성공에서 얻는 만족감을 지속적으로 추구한다. 그러므로 멘토링 활동에서 얻어지는 작은 성공에서 한 단계 높은 목표와 연결하는 노력이 필요하다. 멘토는 멘티와 함께 현재의 작은 성공을 축하하고 도전적인 새로운 목표를 찾기 위해 열린 마음으로 대화를 나눈다. 자신이 가지고 있는 정보와 목표달성에 필요한 정보를 분석하여 독창적인 새로운 활동목표를 찾는다. 이때 멘티의 인재개발지수를 재점검하고, 향상시켜야 할 부분에서의 새로운 목표를 찾는 것이 중요하다. 이렇게 지속적으로 멘티의 향상 욕구와 멘토의 경험이 상호 연결되어 새로운 멘토링 활동의 목표로 선정된다면 흥미롭고 보람찬 멘토링 활동이 가능하게 될 것이다.

목표창출의 법칙

"새로운 비전을 제시하는 리더형 직장상사를 가장 좋아합니다."

대학문화 매거진 《씽굿》과 취업 정보사이트 '파워잡'이 2005년 11월 대학생 548명을 대상으로 인간관계 선호타입에 대한 설문조사를 실시했다. 그 결과, 응답자들은 선호하는 직장상사 유형 1위로 '리더형 직장상사'(43.8%)를 꼽았다. 이것은 막막한 직장생활에서 등대가 되어 새로운 목표를 창출하고 나아가야 할 방향을 제시해 줄 리더를 원한다는 것이다.

2위는 34.3퍼센트로 '솔선수범형 상사'였다. 그것은 어떠한 일에 있어서든 상사가 솔선수범하는 모델이 되어주기를 바라는 마음이 그대로 나타난 것이다. 그러므로 멘토형 리더는 다른 사람들을 먼저 이끌어주고, 그들이 스스로 성장할 때까지 정성으로 솔선수범해야 한다.

반면 가장 싫어하는 직장상사 유형으로는 30.3퍼센트로 가장 많은 대학생들이 혼자 결정해서 무조건 밀어붙이는 '독불장군형 상사'를 꼽았다.

이러한 결과를 통해 리더와 구성원 간의 수평적인 관계를 요구하고 있음을 알 수 있다. 훌륭한 멘토는 멘티의 참여하고 싶은 욕구를 잘 파악하여 함께 일하며 더불어 성장을 도모한다.

이러한 설문조사 결과를 보면, 멘토형 리더는 구성원들의 욕구를 파악하고 그들이 성취하고자 하는 새로운 목표를 제시해야 할 것이다.

뚜렷한 목표가 선정이 되면 멘토와 멘티의 미팅에서 시간을 최대한 효과적으로 활용할 수 있다. 뚜렷한 목표는 미사일의 유도장치처럼 멘토와 멘티의 목표를 향한 방향감각을 유지해 준다. 그러므로 뚜렷한 목표를 창출할 때는 멘토링 실천카드에 구체적이며 도전적인 활동을 달성 가능한 일정과 실천항목으로 기록한다. 특히 멘토링 실천계획서에 반드시 목표를 기록해야 한다. 그리하여 미팅 시간뿐만 아니라 평상시에도 보면서 목표에 다가가는 감각을 느끼도록 해야 한다. 멘토와 멘티가 미팅시마다 지난 미팅에서의 활동내용과 과제를 점검하고 오늘 추진해야 할 활동목표와 실천사항을 점검하여 기록해 나가는 것은 멘토링 활동을 성공적으로 완수하기 위한 목표창출의 법칙이다.

4 시간 창조의 기술

중요한 일에 집중하기

멘티는 물론 멘토에게도 시간은 항상 부족하다. 조직생활에서 자신이 맡은 업무를 완수하면서 멘토링 활동에 성실하게 참여하고 성과를 거두려면 용기와 시간관리의 능력이 필요하다. 부족한 시간을 쪼개어 중요하고 필요한 일에 집중하려면 멘토링 활동에서의 가장 중요한 달성목표를 분명히 해야 한다. 그 목표를 염두에 두고 활동 기간 내에 달성해야할 목표에 반드시 필요한 소요시간을 예측하여 관리해 나가야 한다. 즉, 활동기간 중 가장 중요한 목표만은 달성하겠다는 집중적 목표관리가 필요한 것이다.

마감시간 정하기

인간은 위기감과 긴장감이 높을 때 상상도 하지 못할 에너지를 발산한다. 마감시간이 다가오면 두뇌와 행동의 스피드가 높아지며 열정적으로 목표를 완수하기 위해 몰입하게 된다. 멘토링 기간 중 반드시 목표달성을 이루고자 한다면 추진 목표별로 마감시간을 정하라. 그 마감시간을 멘토와 멘티가 자주 이야기하고 마감시간 내에 달성하도록 노력하라. 그러나 너무 다급하게 잡은 마감시간 때문에 멘토링 활동이 재미없거나 스트레스로 다가오면 안 된다. 마감시간은 멘토링 활동의 영양제요, 비타민이요, 코치요, 격려가 될 수 있도록 여유와 긴장감이 공존하도록 해야 한다.

신바람 멘토가 되라

6장

심력증진전략

성공적인 조직문화는 직원들이 즐겁고 의욕적으로
일할 수 있는 무형의 환경이다. 조직에서 가장 소중한 것은
조직관리가 아니라 행복관리이다.

정문술(미래산업 전 사장)

1 너그럽게 감싸라

따뜻한 화롯불

"만약 당신에게 인사권이 주어진다면 가장 먼저 퇴직시키고 싶은 사람은 누구입니까?"

포털사이트 '스카우트'에서 직장인 5,842명에게 물었더니, 놀랍게도 1위가 직장상사(47%)였고, 그 다음이 사장(38%)이었다. 경쟁 대상으로 여길 줄 알았던 동료(9%)나 후임자(5%)보다도, 오히려 자신의 발전과 성장을 위해 노심초사하고 있는 상사나 사장을 자르고 싶어한다. 놀랍지 않은가? 이유는 무엇일까? 그렇다면 도대체 자르고 싶은 상사와 존경하는 멘토의 차이점은 무엇일까?

"당신의 현 직장에서의 근무 만족도는 어떻습니까?"

이 질문에 88.3퍼센트가 현 직장이 매우 불만족스럽다고 응답을 하였으며, 3년 내에 현 직장을 그만두겠다는 사람 (75.8%)에 비해 현 직장에 그대로 다니고 싶은 사람(9.3%)은 8분의 1에 불과하였다. 이직을 고려해 본 사람(85%)에게 퇴직 사유를 물었더니, 직장 내 인간관계 불화와 자신의 위치가 회의적이라는 응답(70.7%)이 가장 높았다. 이것은 월급이 너무 적다는 대답(12.7%)에 비해서 월등히 높았다.

"당신의 현 직장에서 받는 가장 큰 스트레스의 원인은 무엇입니까?"

이 질문에서 상사의 자질과 인간관계(52%)가 가장 큰 요소로 나타났으며, 회사생활의 불투명한 비전과 희망(16%)이라고 대답한 사람을 합하면 무려 61퍼센트의 직장인들이 하루하루를 스트레스 속에 살아가고 있다. IMF 이후 구조조정과 명예퇴직으로 퇴직한 동료들의 업무까지 떠맡아 과중해진 업무(7%)나 성과 중심의 회사 정책에 의한 목표 달성 실적에 대한 부담감(7%)은 적다고 응답을 하였다.

결국 인간관계가 좋고 회사에서의 비전이 보인다면 과중한 업무나 목표달성은 문제없이 해결해 나갈 수 있을 것이라는 예상을 할 수 있게 된다.

멘토형 리더가 가장 중시하는 점은 인간존중의 이념이다. 멘토와 멘티가 서로 존중하는 가운데, 직장에서의 의문점이나 고민을 나눔으로써, 멘티의 스트레스를 없애주는 것이 멘토의 중요한 역할 중 하나이다. 멘토는 스트레스를 녹여주는 따뜻한 화롯불이 되어야 한다.

명장은 덕장이어야 한다. 덕장이란 따뜻한 마음을 가지고 있는 사람이다. 따뜻한 마음을 가진 사람은 다른 사람의 어려움을 이해하고 감싸주는 포용력을 가지고, 상대방을 위하여 자신을 바쳐 봉사하고 헌신한다. 21세기에는 봉사하고 헌신하는 리더가 각광을 받을 것이다.

"미래의 지도자는 거장(Master)이 아닌 명지휘자(Maestro), 사령관(Commander)이 아닌 코치가 될 것이다."

워렌 베니스의 말이다. 미래에는 따뜻한 마음과 포용력을 지닌, 사람의 감동을 불러일으키는 리더가 필요하다는 예언이요, 멘토형 리더의 탄생이 필연적이라는 외침으로 들리지 않는가?

상선약수(上善若水)와 멘티 오리엔티드

상선약수란 노자에 나오는 말로 최상의 선이란 물과 같다는 뜻이다.

"물의 선함은 세상 만물을 이롭게 해주지만 서로 다투지 아니하고, 여러 사람들이 처신하기 싫어하는 낮은 곳으로 흘러간다. 그러므로 거의 도(道)에 가깝다고 할 수 있다. 처신은 땅과 같이 훌륭해야 하고, 마음은 심연(深淵)과 같이 훌륭해야 하고, 남에게 줄 때에는 인애(仁愛)로써 잘해야 하고, 말은 신의(信義)가 있어 훌륭해야 하고, 정치는 잘 다스려지게 해야 하며, 일은 능력을 잘 발휘해야 하며, 행동은 때에 알맞게 잘해야 한다. 오직 다투는 일이 없기 때문에 허물도 없게 되는 것이다."

포용력이란 마음씨가 너그러워 부드럽고 유연하게 남의 잘못을 이해하고 받아들여 감싸주는 힘이다. 멘토는 멘티와의 관계에서 모든 것을 멘티에게 맞추어야 한다. 멘티를 중심으로 생각하여 멘토링 활동을 선택해야 한다. 이것을 멘티 오리엔티드 마인드(Mentee Oriented Mind)라 한다.

멘토는 멘티에 맞추어 상선약수의 포용력으로 감싸안을 수 있는 넓은 포용력을 길러야 한다. 그러기 위해 독서와 자기 수양이 필요하며, 훌륭한 사람들의 명언을 귀담아 새겨야 한다.

2 감동으로 이끌어라

가슴을 파고드는 역할모델

감화력이란 정신적 또는 도덕적으로 좋은 영향을 받아 마음이 변하도록 하는 능력을 말한다. 다른 사람의 행동을 보고 감동과 영향을 받아, 자신이 긍정적으로 변화한다면 참으로 바람직한 일일 것이다.

시각장애인 강영우 박사의 둘째 아들이 필립스 아카데미 입학시험을 볼 때 제시되었던 에세이 제목의 주제가 '당신의 인생에서 가장 큰 영향을 미친 사람은 누구인가?' 였는데, 그는 다음과 같이 썼다.

"아버지는 잠자리에서 불을 끄고 어둠 속에서 점자로 책을 읽어주었기 때문에 나는 쉽게 잠들 수 있었고, 상상의 날개를 활짝 펼 수 있었다. 그로 인해 나는 어느 날, 보통 부정적으로만 보기 쉬운 시각장애조차도 어둠 속에서 책을 읽을 수 있는 긍정적인 면이 있다는 사실을 깨닫게 되었다. 아버지가 읽어주신 이야기들은 나에게 인생을 살아가는 지혜를 주었을 뿐만 아니라, 미래에 대한 분명한 비전과 원대한 꿈을 가지게 했다.

그러므로 눈뜬 내가 아버지를 안내한다고 생각했었는데, 결국은 맹인인 아빠가 눈뜬 나의 인생을 멀리 보시고 안내하신다는 것을 알게 되었다."

강영우 박사는 2001년 부시 대통령에 의해 미국 내 5,400만 장애인의 재활과 권익을 담당하는 유일한 연방기관인 국가장애위원회 정책차관보에 임명돼 3년간 임무를 수행해 왔다. 그리고 미국 정부와 의회의 신뢰를 얻어 재임되었다.

그는 중학교 재학 중 외상에 의한 망막 박리로 실명한 후, 온갖 고통과 사회의 편견 및 차별을 신앙과 굳은 의지로 극복하여 세계적으로 재활의 귀감이 되고 있다. 그는 자녀교육에서 가장 어려운 것이 자녀의 역할모델로서 멘토 역할을 하는 것이라고 했다. 그의 감화를 받은 자녀들은 아주 훌륭하게 자랐다.

멘토는 멘티에게 감화력을 발휘해야 한다. 멘티가 멘토의 언행을 보고 감동을 받아 변화한다면, 그것은 최고의 멘토링이 될 것이다. 멘토는 멘티의 가슴속으로 파고들어 감동을 이끌어내는 역할모델이 되어야 한다.

심력개발의 모델, 강영우 멘토

시각장애인 강영우 박사는 자신의 멘토를 사도 바울이라고 그의 저서에서 밝힌다. 육신을 가시같이 찌르는 듯한 불치의 병을 지니고도 옥고를 치르며 신앙을 전파한 사도 바울처럼, 고난 속에서도 세계적인 비전을 가지고 미국에의 유학을 단행한다. 그는 언제나 실명의 고통과 사도 바울의 옥고를 비교하면서 자신을 이겨냈다.

"누구든지 미국에서 성공하려면 능력은 기본이고 여기에 인격과 헌신이 꼭 필요하다. 능력은 노력에 의해 축적이 가능하지만, 인격과 헌신은 '왜 사는가?'에 대한 가치관을 먼저 확립해야만 갖출 수 있다. 여기에는 부모들의 올바른 교육이 절대적이다. 부모는 자녀에 대해 역할모델이 되는 멘토가 되어야 한다."

자녀교육에 있어서나 후배를 키우는 데 있어서 인격의 중요성을 강조하는 그는 멘토링의 중요성을 강조한다.

부시 대통령은 매년 네 차례씩 강영우 박사로부터 정기 업무보고를 받고, 해마다 두 번씩은 따로 만나 현안을 청취하고 업무를 격려했다. 그만큼 미국 정부의 신임을 얻고 있는 그는 자녀에게도 신임 받는 훌륭한 멘토인 것이다.

"한국 사람들은 자녀에게 '배워서 남 주나'라는 말을 많이 합니다. '너 자신이 잘되기 위해 공부하는 것'이라는 의미죠. 그러나 사실 공부는 '배워서 남 주는 것'입니다. 미국의 인재들은 어릴 때부터 '남을 위해 공부하고 일하면 결과적으로 자기도 성공하게 된다.'는 말을 들으며 성장합니다. 헌신의 정신을 체화한 인격자만이 최고의 자리에 오르게끔 사회가 짜여져 있기 때문이죠. 우리도 그렇게 되어야 합니다."

강영우 박사는, "TV · 휴대전화 등 가전제품을 장애인들이 불편 없이 사용하도록 제조업체들에 연구비를 지원하는 프로그램을 성사시킨 게 가장 보람 있었다. 앞으로도 장애인 고용 및 교육기회 확대를 위해 더욱 노력하겠다."고 말했다.

인간의 마음을 다스리는 심력의 중요성에 대해 강조하는 그는 심력 분야를 감정 영역과 의지 영역으로 구분하여 길러야 한다고 강조한다. 즉, 심력을 기른다는 것은 감정을 훈련시키고 의지력을 키우는 일이라는 것이다. 링컨 대통령도 수많은 실패 후에 심력이 길러져 위대하고 존경받는 대통령이 되었다.

어린 시절 어머니의 죽음, 청년 시절 애인의 죽음, 장년 시절 세 자녀의 죽음, 부부간 갈등, 계모와의 갈등, 연속되는 선거에의 패배 등 수많은 고난과 역경을 극복하는 과정에서 링컨의 심력은 길러졌던 것이다. 그러므로 멘토형 리더는 심력을 개발해야 한다.

3 헌신은 모든 이의 가슴을 뜨겁게 한다

숭고한 촛불

헌신이란 어떠한 일이나 사람에 자신의 몸과 마음을 다 바쳐 있는 힘을 다하는 것을 말한다. 3중 장애인 헬렌 켈러를 '빛의 천사'로 만든 설리번의 헌신적인 봉사를 기억하는가? 볼 수 없고, 들을 수 없고, 말할 수도 없었던 헬렌 켈러는 장애인 최초로 대학을 졸업하는 기적을 이루었고, 저술과 강연 활동은 물론 장애인들을 위한 복지 활동에 공헌하여 세계인의 관심과 주목을 받았다. 하지만 어둠의 세계에 갇혀 있던 헬렌 켈러에게 글을 읽고 쓸 수 있게 헌신적으로 봉사한 설리번에 대해서는 얼마나 아는가?

설리번 역시 어렸을 때 눈병을 앓으면서 거의 장님이나 다름없는 장애를 가진 여자였다. 거기에 가정 형편까지 좋지 않아 빈민보호소에서 불우한 어린 시절을 보내야 했다. 그러나 어려움 속에서도 희망을 잃지 않았던 설리번은 배움에 대한 갈망이 컸고, 마침내 맹인들을 위한 장애인 학교에 다니게 되었다. 그리고 주변 사람들의 도움으로 수술을 받아 시력도 되찾게 된다. 학교를 졸업한 후 설리번은 헬렌 켈러의 가정교사가 되었다.

3중 장애를 안고 있던 어린 헬렌은 난폭하고 거칠기만 했으나 장애의 고통을 이해하는 설리번은 인내와 사랑으로 가르쳐 마침내 헬렌을 빛의 천사로 만든다. 설리번이 헬렌 켈러를 가르치는 과정에서 겪었던 어려움과 갈등의 순간들은 모두 헌신적인 봉사의 마음으로 만들어낸 역사이다. 한 사람의 헌신적인 봉사가 3중 장애인을 위대한 인물로 만들어 냈다.

멘토는 헌신적인 봉사로 멘티의 가슴을 데워야 한다. 멘티의 가슴을 데우며, 자신의 몸과 마음을 바쳐 헌신하는 것도 멘토가 지녀야 할 중요한 역량의 하나이다. 멘티의 가슴을 데운다는 것은 촛불과 같이 자신의 몸과 마음을 태우는 숭고한 행동이다. 숭고한 행동은 멘티를 섬기고 존경하는 마음에서 자연스럽게 우러나오는 아름다운 모습이다.

헌신 모델, 헬렌 켈러의 멘토 설리번

1880년, 비교적 풍족한 집안에서 태어난 헬렌 켈러는 생후 17개월에 중병에 걸려서 시력도 잃고, 귀도 안 들리고, 말도 못하게 되었다. 하지만 헬렌 켈러의 인생은 그녀의 멘토 설리번을 만나 달라지기 시작했다.

설리번 역시 불행한 과거를 지닌 여성으로, 10살 때 남동생과 함께 고아원에 보내져 학대와 고통의 나날 속에서 성장했고, 불결하고 빈곤한 환경 때문에 결국 남동생은 죽었다. 그녀도 또한 눈병에 걸려 실명 직전까지 간 적도 있었다. 그후 맹학교에서 교사를 하고 있던 무렵에 헬렌 켈러를 만나게 된다.

설리번은 인내심이 강하며 애정이 깊고, 신앙심이 강한 사람이었다. 그녀가 처음으로 본 헬렌 켈러는 이미 6세가 되었는데도 아무런 교육이 되어 있지 않았고, 손으로 음식을 먹고 마음에 들지 않으면 닥치는 대로 물건을 집어던지는 등 야수와 같았다.

그날부터 설리번과 헬렌 켈러의 싸움이 시작되었다. 얼굴을 씻는 것도 머리를 빗는 것도, 나이프와 포크로 식사를 하는 것도 헬렌과 격투를 하면서 가르치지 않으면 안 되었다. 단지 울어대는 것과 소리를 지르는 것으로 의사를 표현해왔던 헬렌은 엄격한 교육에 온몸으로 반항했다.

설리번은 신중하고 끈기 있게, 헬렌에게 단 하나 남아 있는 인식의 창구인 촉각을 통해서, 그리고 암흑에 갇힌 영혼을 통해 자극을 주었다.

20세가 된 헬렌은 레드클리프 대학에 입학했다. 그리고 4년 후 세계 최초의 대학교육을 받은 맹·농아로서 우수한 성적으로 대학을 졸업한다. 이 기적은 많은 사람들로부터 경탄과 찬사를 받았다.

그해 센트힐 박람회에서 '헬렌 켈러의 날'이 제정되어 헬렌은 처음으로 강연을 했다. 그후 그녀는 미국은 물론 해외에서도 강연하면서 맹인 및 신체장애자에 대한 세상의 이해와 협력을 구하고 사람들에게 커다란 희망을 심어주었다.

사람다운 사람이 되고자 했던 헬렌 켈러와 사람다운 사람을 만들고자 했던 훌륭한 멘토 설리번, 인간이 되고자 했던 헬렌 켈러의 의지와 헌신적인 봉사의 마음을 가진 설리번이 없었다면, 이 위대한 변화는 이루어질 수 없었으리라.

4 심력증진전략 아이디어

멘토링 도입 워크숍을 진행할 때, 멘토와 멘티가 멘토링 활동 실천계획을 작성하여 서로 공유하고 좋은 아이디어를 벤치마킹한다. 인재개발지수 향상을 위한 심력, 지력, 건강, 자기관리, 인간관계 증진의 각 부문의 실천아이디어를 한 사람당 2~3개씩 포스트잇에 기록한 후 벽에 붙인다. 이때 자신이 생각하지 못했던 좋은 아이디어를 얻을 수 있으며, 우수한 아이디어에는 별표 스티커를 부착하여 우수 아이디어로 추천을 한다. 멘토링코리아컨설팅을 통해 멘토링을 도입한 국내 100여 개 조직을 대상으로, 2004년부터 2005년까지 2년간, 약 1만여 명의 워크숍 참가자들이 제시한 아이디어를 모아보았다. 향후 멘토링 활동의 실천계획 작성시 다음의 아이디어를 참조한다면 도움이 될 것이다. 이 아이디어들 중 교육생들이 실천하기에 중요하다고 생각되어 추천한 인기도 순위에 따라 별을 닮았다.

추천 받은 별 4개 이상의 아이디어부터 별 1개의 아이디어까지를 다음에 제시한다.

심력증진 ★★★★

01_ "나는 행복한 사람이다."라며 하루 3번 소리 내어 말한다.

02_ 상대방이 어려워 보일 때 먼저 불편사항이 무엇인지 물어본다.

03_ 가족에게 "사랑한다."라는 말을 자주 한다.

04_ 최소한 1년에 한 번 이상 헌혈을 한다.

05_ 하루에 한 번 가장 대화하기 불편한 사람과 커피 한잔을 마신다.

06_ 말을 하지 않고 남의 얘기만을 들어본다.

07_ 사소한 일에 절대 화내지 않는다. 오히려 이해하고 사랑한다.

08_ 웃는 모습을 생활화하도록 노력한다.

09_ 그날 받은 스트레스는 퇴근 후 취미생활로 꼭 풀고 잔다.

10_ 잠들기 전 10분 동안은 하루를 되돌아보며 명상을 한다.

11_ 내가 얼마나 따뜻한 사람이었는지 반성하며 일기를 쓴다.

12_ 남을 먼저 생각하는 습관을 가진다.

13_ 동네 청소, 소년 소녀 가장 돕기 등 건전한 봉사활동을
즐긴다.

14_ 화가 날 때에는 반드시 상대방 마음을 세 번 더 생각해
본다.

15_ 정기적으로 장애자 단체에 봉사활동에 가족과 함께
참여한다.

16_ 하루에 잘된 일과 그렇지 않았던 일들을 정리하는 습
관을 기른다.

17_ 매일 아침 좋은 음악을 감상한다.

18_ 스트레스는 심호흡 10번으로 가능한 빨리 풀어버린다.

19_ 가정과 직장에서 자주 칭찬 릴레이 게임을 한다.

20_ 음악, 미술 등의 예술 문화와 가까이 한다.

21_ 재래시장을 거닐어 보며 삶의 현장을 체험한다.

22_ 삶에서 가장 중요하게 생각하는 것이 무엇인지 자주
질문한다.

23_ 하루에 한 번 이상은 남을 칭찬하고 격려한다.

심력증진 ★★★

01_ 이웃 사람을 만날 때마다 내가 먼저 인사한다.

02_ 일과 전 티타임을 통해 개인적인 관심사에 대한 대화를 나눈다.

03_ 매일 아침 명상의 시간을 갖는다.

04_ 고아원 및 노인 요양시설에 자주 찾아 봉사활동을 한다.

05_ 포용력을 키우는 훈련을 한다.

06_ 남의 입장에서 한 번 더 생각해 보는 훈련과 교육에 참여한다.

07_ 인생의 사명서를 쓴다. 항상 지니고 다니며 올바르게 산다.

08_ 생각이 다른 사람과 자주 대화를 한다.

09_ 부모님을 자주 찾아뵙고 사랑한다고 말한다.

10_ 타인에게 늘 필요한 사람이 되도록 노력한다.

11_ 말하기 전에 한 박자 쉬는 여유를 갖자.

12_ 말하기보다는 듣는 것을 좋아하도록 한다.

13_ 악기를 1개 정도 배워 감화력을 키운다.

심력증진 ★★

01_ 하루 최소 5분은 남의 이야기를 경청하는 시간으로 정
한다.

02_ 꽃을 직접 키워본다.

03_ 장애인 재활 기관에 방문해 본다.

04_ 타인과의 대화를 통해 항상 자기반성과 자기칭찬을
한다.

05_ 새벽 일찍 일어나 명상을 하며 사랑하는 마음을 키운다.

06_ 무단으로 내 차를 앞질러 가는 다른 차 주인을 욕하지
않는다.

07_ 타인에 대한 나쁜 기억들은 빨리 지워버린다.

08_ 욕심을 버리자.

심력증진 ★

01_ 부부관련, 청소년 지도, 명상 프로그램 등에 참석한다.

02_ 행동을 관찰하고 반응방식을 수정한다.

03_ 다른 사람과의 다툼의 원인을 만들지 않는다.

04_ 하루에 3번 가족을 생각한다.

05_ 자신의 이름을 아침마다 적어본다.

06_ 매주 2건 이상 새로운 아이디어를 제안하고 토론한다.

07_ 일주일에 한 번씩 주위의 공동 사물을 정리한다.

08_ '애기애타(愛己愛他)' 구호를 하루 10번씩 말한다.

09_ 다른 사람의 의견을 끝까지 듣는다.

10_ 가족에게 일주일에 한 번 이상 내가 직접 요리를 해준다.

11_ 업무 추진상 실수가 있더라도 포용하는 자세를 취한다.

12_ 합리적으로 문제를 해결하고자 노력한다.

13_ 수입의 1퍼센트는 기부한다.

14_ 부모님을 자주 찾아뵙는다.

15_ 마을회관, 노인정으로 노인들을 찾아뵙고 어깨를 주물러드린다.

16_ 인재개발지수 자가 측정을 주기적으로 한다.

17_ 가족과 매일 스킨십을 한다.

18_ 기분 상하지 않게 싫은 건 싫다고 중립적 언어로 말한다.

19_ 항상 양보하는 마음을 갖는다.

20_ 퇴근 전에 감사한 일을 최소한 3가지 이상 떠올리며 미소를 짓는다.

21_ 독서클럽에 가입 활동하여 다양한 의견을 수렴한다.

22_ 자긍심을 고취시킨다.

23_ 자원봉사활동을 통해 자기를 낮춘다.

24_ 나에게 나쁜 농담을 하더라도 그에게 축복을 빌어준다.

25_ 머리로 계산하지 말고 나에게 주어진 일을 고맙게 한다.

26_ 좋은 사람을 다루는 다큐멘터리를 자주 시청한다.

27_ 즉각적인 반응을 막아주는 '정신적인 유리벽'을 만들어두자.

28_ 시간 부족을 탓하기보다, 나의 시간을 쪼개어 관리한다.

7장

지력증진전략

배우기를 그만두는 사람은 20세든, 80세든 늙은 것이다.
계속 배우는 사람은 20세든, 80세든 젊은 것이다.

헨리 포드

1 지식개발전략

목적 있는 독서

멘토가 머리를 써서 멘토링을 추진하면 효과적으로 멘토링을 할 수가 있다. 멘토는 멘티의 지식개발과 기술개발, 그리고 멘토가 가지고 있는 정보를 활용할 전략을 수립해야 한다. 훌륭한 멘토에게 지식은 중요한 자산이다. 그러면 지식을 어떻게 개발할 수 있을까?

지식을 개발하는 가장 쉬운 방법은 독서이다. 어느 책이든 저자는 몇 년 또는 몇 십 년의 경험을 책에 쏟아 붓는다. 그런데 책을 읽는 독자는 겨우 몇 시간 동안에 저자의 경험을 간접적으로 경험하게 되는 셈이다. 그러니 이보다 더 좋은 방법이 어디 있을까? 훌륭한 사람들 중에는 독서광이 많다. 독서를 많이 하는 사람은 성공하는 사람이다.

"나는 지금도 새벽 일찍 하루를 연다. 그리고 늘 내 자신에게 묻는다. 오늘 하루도 새로운 것은 듬뿍 배우고, 그것을 이용해서 부가가치를 만들어내고 싶다. 나는 그런 마음가짐과 태도를 갖고 명품(名品) 인생으로 창조해 나가기를 바란다. 명품 인생의 길은 책 읽기와 그것의 활용에 달려 있다."

책을 많이 읽는 공병호 박사가 그의 저서 『핵심만 골라 읽는 실용 독서의 기술』에서 한 말이다. 한 사람의 인생이 독서에 의해 좌우될 수 있으니 독서를 많이 하고 효과적으로 활용하라는 메시지인 것이다.

피뢰침을 발명한 프랭클린은 매우 특별한 인물이다. 그는 자선전에서 다음과 같이 독서의 중요성을 말했다.

"나는 어려서부터 책 읽는 것을 좋아했고, 적은 돈이라도 내 손에 들어오기만 하면 책을 샀다. (중략) 12살이라는 어린 나이에 형의 인쇄소에 취업을 하게 되었다. 이제 나는 더 좋은 책들을 접하게 되었다.

책방의 견습 점원들과 친해지면서 가끔씩 책들을 빌려 볼 수 있게 된 것이다. 물론 깨끗이 읽고 빨리 돌려주어야 했다. 책을 잊어버리거나 낮에 손님이 책을 찾을 때 없으면 안 되기 때문에 저녁에 빌려와서 아침 일찍 갖다주었다. 그러니 거의 밤을 새우다시피 하면서 읽을 수밖에 없었다."

그는 독서도 많이 했지만, 자서전을 18년간이나 쓴 사람이다. 18세기에 미국에서 가장 커다란 업적을 남긴 그는 정규교육이라고는 2년밖에 받지 못했다. 그렇지만 정치, 외교, 출판, 인쇄, 과학, 교육 등 각 분야에서 최고의 자리에 오른 인물이다. 이러한 업적을 남긴 그는 가난 때문에 인쇄소 견습공으로 사회생활을 시작했다. 그러나 독서를 통해, 미국 독립선언문을 쓰고 헌법을 제정하는 등 미국의 독립에 가장 중요한 역할을 하게 된다.

"지갑을 비워 배만 채우지 말고 머리를 채워라. 이것이 최대의 투자이다."

독서의 중요성을 강조한 프랭클린의 유명한 말이다. 깊이 새겨둘 만하지 않은가?

최근 '프랭클린 플래너'가 시간관리와 인생관리의 도구로서 많은 사람들에게 사랑을 받고 있다. 바로 이 플래너의 원조가 프랭클린이다. 독서야말로 멘토가 가져야 할 매우 중요한 지식개발전략이다. 존경받는 멘토 중에 책 읽기를 게을리 하거나, 그저 시간이 날 때 혹은 마음의 여유가 날 때 하는 취미로 삼았던 사람은 없다. 독서는 그들의 삶의 일부였다.

좋은 책은 잃어버렸던 마음을 들추어낸다. 여행이 그렇듯이 바쁘게 하는 여행은 재미도 없고 얻는 것도 없다. 여행을 가장 잘 즐기는 방법은 최대한 여유롭게 보고 느끼는 것이리라. 책에 몰입할 수 있다면 만족스러운 독서인 셈이다.

멘티와 함께 독후감을 발표하여 지식을 쌓아가는 방법은 멘토링 활동의 좋은 예이다. 멘토링 목적에 맞는 책을 구하여 함께 읽고 매주 독서 토론을 하자. 그것은 멘티뿐만 아니라 멘토에게도 지식과 열정을 재충전하는 기회가 될 것이다.

지식개발모델, 링컨의 멘토 그레이엄

1800년에 그레이엄(Graham)은 켄터키 주 그린 카운티 북서쪽에서 태어났다. 7살이 되었을 때 그는 학교에서 가장 뛰어난 학생이었다. 같은 또래의 아이들이 '인디언 전쟁' 놀이를 하고 놀 때, 그레이엄은 서부 변경의 마을에서 구할 수 있는 몇 권의 책을 밤을 새워 모두 읽었다. 그때부터 9년 후, 그가 사는 곳에서 좀 떨어진 하젠빌의 남쪽에 있는 라루 카운티에서 에이브러햄 링컨이 태어났다.

그레이엄에게는 로버트라는 삼촌이 있었다. 그는 의사였고 책을 많이 갖고 있었고, 그 시대와 나이에 비해 많은 학문을 쌓은 사람이었다. 그레이엄은 10살 때에 로버트 박사의 집에서 2년 동안 보내며 많은 지식을 습득하였다.

그레이엄은 문학적인 소년이면서도 매우 검소하였다. 그

래서 측량, 목수일, 농장일과 학교에서 받는 장학금 등으로 상당히 부를 축적하였다. 나중에 그는 군청 소재지에 있는 학교에서 아이들을 가르쳤다.

1831년에 링컨과 그레이엄은 공식적으로 만나게 되었다. 그해 8월에 선거가 있었다. 하지만 그 지역에는 교육을 받거나 행사를 진행할 능력이 있는 사람이 매우 드물었다. 링컨은 자신이 그럴 자격이 없다고 거부했음에도 불구하고 선거를 주관하는 사무원으로 임명되었다.

한때 링컨은 공부하는 것을 포기하려 했으나, 그레이엄이 그를 설득했다. 만일 공직 생활을 하려면 완벽한 문법 지식을 지니고 있어야 한다고 하면서, 그곳에 머물러 있으면 문법을 배울 수 있을 것이라 말했다. 그때부터 링컨은 그레이엄의 지도 아래 문법을 배웠다. 링컨은 울타리 한쪽 구석이든 어디서든 학생과 선생으로 만나는 장소에서는 자신이 학습한 내용을 암송했다. 그레이엄은 '정확한 언어를 사용하여 말을 하고, 간결하게 글을 쓰라'고 강조하였다. 링컨이 사용하는 간결하면서도 효과적인 문체는 그레이엄의 가르침에서 비롯되었음은 의심할 여지가 없다. 링컨이 행한 게티스버그 연설은 가장 훌륭한 예가 된다.

그레이엄은 측량기사로서 링컨에게 기술을 가르쳤다. 링컨은 뉴 살렘에 있는 동안 제분공, 사무원, 우체국장 등을

거쳐 처음 도전한 선거에서 패배한 후 결국 1874년에 일리
노이의 주의원이 되었다.

 링컨이 대통령으로 취임하는 날, 링컨은 자신의 멘토인 그
레이엄이 어디 있는지 수소문하여 모셔와 자기 옆에 앉게
하였다. 그때가 그레이엄의 삶에서 가장 행복한 날이었다.

2 기술개발전략

암묵지를 형식지로

멘토는 멘티가 필요한 기술을 잘 익히도록 하는 데 관심을 기울여야 한다.

멘티는 조직생활에서 각종 기술을 배워나간다. 만약 멘토가 가지고 있는 지식을 전수할 때에는 말이나 글로 표현되는 형식지(形式知)로 전달하는 것이 유용하다. 그러나 말이나 글로 표현하기가 곤란한 여러 가지 지식들, 즉 암묵지(暗默知)는 멘토의 친절한 설명과 정성으로 전달해야 한다.

그런데 멘토는 멘티가 배우기를 원하는 기술을 보유하고 있지 않을 수도 있다. 이때 멘토는 멘티가 배우고자 하는 기술을 어떻게 배워야 하는지를 멘티와 함께 토의하고 계획하여 배울 수 있는 기회를 만들어주는 것이 필요하다. 특히 멘토에게는 조직생활이나 인생에서의 지혜를 전달하는 역할이 더 중요하다.

'대장금'에서 멘토 한 상궁은 멘티인 장금에게 그의 지식을 전달한다. 멘토링은 지식경영의 개념 중에서 암묵지를 전달하는 데 매우 유용하다. 장금은 이 암묵지를 충분히 습득하면서 이를 일반화하고 문서화해 형식지로 만드는 데도 힘을 기울인다. '대장금'에서 지식경영이 이뤄지는 과정은 여기서 발견된다. 장금의 어머니는 딸을 위해 음식에 관련된 기록을 남긴다. 장금도 자기가 공부하고 배운 기록들을 꼼꼼히 정리해 나중에 최고상궁이 된 민 상궁에게 전달한다. 입맛부터 건강 상태 등 파편적인 정보들을 모아 정리하고 이를 전수한 것이다. 이는 암묵지를 형식지로 일반화하고, 형식지를 다시 암묵지로 만들며, 이를 다시 형식지화하면서 지식이 발전하는 지식경영의 기본 프로세스에 충실한 것이었다. 그리고 음식이 완성된 후 달걀지단이나 깨소금 등으로 모양을 내는 고명을 소개하는 등 디자인 기술 개발을 매우 중요하게 생각했다.

멘토는 멘티와의 멘토링 활동에서 기술 개발을 위한 계획을 세워야 한다. 그리고 멘티와 지속적으로 이를 개발해 나가는 활동을 추진해야 한다.

잠재능력을 창의성으로

어느 기업에서, 현장 기술자들의 잠재능력과 창의성 부족에 대한 원인 분석 컨설팅을 했다. 조사·분석한 자료를 근거로 심리학자들에게 의뢰하여 창의적인 사람과 그렇지 않은 사람과의 차이점을 연구하게 했다.

그리하여 심리학자들은 창의적인 사람과 창의적이지 않은 사람을 구분짓는 것이 무엇인지 밝혀내기 위해 여러 가지 실험을 했다.

그들은 기술자들에게 학력, 취미, 특기, 성장배경, 음식, 색깔, 좋아하는 것과 싫어하는 것 등 수백 가지를 묻고, 가치관과 신념, 사고의 유연성, 태도의 열정 여부 등 몇 개월에 걸쳐 엄청난 비용을 들여 조사한 결과, 마침내 그 원인을 발견하고 이것을 언론에 발표했다.

그 요점은 '창의력이 높은 사람은 자신이 창의적이라고 생각하고, 그렇지 않은 사람은 창의적이지 않다고 생각한다.'는 것이었다.

자신의 창의력이 높지 않다고 믿는 기술자들은 새로운 방법을 시도조차 해보지 않았다. 그들은 자신이 혁신적인 사람이 되기 위해 필요한 아이디어와 능력을 갖고 있지 않다고 믿었을 뿐이다. 반면에 자신이 창의적이라고 믿었던 기술자들은 새로운 시도를 한 결과, 새로운 아이디어와 해결 방안을 찾아냈고, 이것이 그들의 믿음을 뒷받침해 주었다. 결국 자신의 잠재능력을 믿는 사람과 믿지 않는 사람의 차이가 생산성과 기술혁신의 성과를 좌우했던 것이다.

자신의 장점과 잠재능력을 믿도록 지속적인 관심을 기울이고 칭찬하라! 그리고 기회가 왔을 때 그 아이디어를 활용하여 문제를 풀어가라. 이것은 멘토형 리더가 해내야 하는 중요한 기술개발 전략이자 임무이다.

3 정보활용전략

정보 교환하기

멘토링 활동에서 정보 활용은 중요한 부문이다. 정보란 개인이나 조직체가 목적지향적인 행동을 선택하는 데 도움이 되는 모든 자료와 데이터를 말한다.

멘토는 멘티보다 더 많은 선수학습과 경험을 가지고 있다. 그러므로 멘토는 멘티에게 알고 있는 정보를 더 많이 제공할 수 있는 것이다. 그러나 때로는 멘티가 가지고 있는 정보가 멘토에게 유용할 수도 있다. 그러므로 멘토와 멘티는 수시로 정보를 교환해야 하며, 정보의 활용에 대해 토의를 활발하게 해야 한다. 토의시에는 어떠한 의견이든지 비판하지 말고, 자유분방하게 의견을 말하게 한다. 또한 질 높은 내용의 정보를 찾는 것보다 우선적으로 많은 정보를 나누는 것이 중요하다. 그리고 토의 중에 나온 정보에 의해 얻어지는 새로운 아이디어를 놓치지 말아야 한다. 정보를 교환함으로써 멘토와 멘티가 함께 성과를 창출하고 보람을 얻을 수 있을 것이다.

정보 수집가 되기

정보를 수집한다는 것은 요리사의 일과 흡사하다. 요리사는 좋은 요리를 만들기 위하여 매일 아침 재료가 될 만한 고기나 해산물 등 이것저것 준비한 재료를 손님의 구미에 맞춰 조리하여 먹음직스럽게 담아낸다.

직장인도 새로운 상품을 세상에 내놓을 경우, 그 기획의 기초가 되는 정보를 매입한다. 그리고 입수한 정보를 필요에 따라 가공하거나 다른 정보와 합쳐서 새로운 상품 기획을 만들어내고 있다.

그런데 재미있는 것은 요리를 만들 때의 요령이다. "요리를 맛있게 만드는 비결은 무엇입니까?" 하고 일류 요리사에게 물으면 십중팔구는 다음과 같이 대답한다.

"훌륭한 요리에 미치는 영향력은 재료가 70퍼센트이고, 요리사의 솜씨가 30퍼센트입니다. 솜씨보다 재료가 우선입니다."

멘토의 정보 활용도 이와 마찬가지다. 멘토와 멘티가 찾아
낸 많은 정보 중에서 멘토링 활동 목적에 적합한 정보를 선
별하는 것은 음식의 좋은 재료를 구비하는 것과 같다. 정보
의 질이 얼마나 좋고 멘토링의 목적에 부합한 것이냐에 따
라 멘토링 효과가 좌우된다. 멘토여! 멘토링 목표와 멘티의
욕구에 가장 적합한 정보를 찾아내는 정보 수집가가 되라.

4 지력증진전략 아이디어

지력증진 ★★★★

01_ 매달 기술서적과 경영서적을 1권씩 읽는다.

02_ 제2외국어 실력 향상을 위해 하루 1시간을 투자한다.

03_ 주말에 도서관 이용을 생활화한다.

04_ 정기 구독물을 통하여 신기술의 흐름을 파악한다.

05_ 토익 등 영어 공부를 하루에 30분씩 꾸준히 한다.

06_ 공통된 관심사를 다루는 스터디 그룹 활동을 한다.

07_ 아이디어를 업무노트에 메모한다.

08_ 멘토나 선배들에게 많은 질문을 한다.

09_ 비전 달성에 도움이 되는 전문가 그룹 활동에 참여한다.

10_ 월 1회 이상은 독후감 노트를 작성한다.

11_ 평소에 필기구를 소지하고 메모하는 습관을 가진다.

12_ 컴퓨터에 관한 서적을 하루 1페이지씩은 공부한다.

13_ 타 분야 사람들과 모임을 정기적으로 가져 정보를 수집한다.

14_ 한 달에 한 번은 서점에 가서 책을 산다.

15_ 사내의 Human Network을 최대로 활용하여 지식을 얻는다.

16_ 정보 사이트를 활용하여 신기술에 대한 감각을 꾸준히 유지한다.

17_ 정보 습득이 빠르고 앞서가는 사람을 가까이 한다.

18_ 매일 사설 한 편씩 정독 후 요점을 정리한다.

19_ 나 자신만의 인생성공을 위한 스크랩북을 갖자.

20_ 주 단위로 자기가 할 일과 했던 일을 정리한다.

21_ 특정 주제를 정한 후 인터넷 서핑을 한다.

22_ 모르는 것을 묻는 데 부끄러워하지 말자.

지력증진 ★★★

01_ 전문성이나 미래관련 전문자격증을 해마다 1개씩 따는 것을 목표로 학습한다.

02_ 재미있어야 열심히 한다. 공부에 재미를 붙여보자.

03_ 1개 이상의 기술 포럼 활동을 통해 대외 정보력을 넓힌다.

04_ 회사의 리더십교육 계획을 파악하여 신청한다.

05_ 해외 어학연수 프로그램에 참여한다.

06_ 사내 홈페이지에 자주 들어가 회사제품 정보를 파악한다.

07_ 두뇌개발을 위해 뇌 활용법을 배운다.

지력증진 ★★

01_ 관점을 달리하여 문제와 사물을 보려는 능력을 기른다.

02_ 키워드를 설정한 후, 서적과 인터넷을 통하여 자료를 수집한다.

03_ 사내외 워크숍에 적극적으로 참여하고 메모하여 지식을 쌓는다.

04_ 새로운 용어나 개념은 매일 1개씩 정리하여 내 것으로 만든다.

05_ 시사 잡지와 신문을 스크랩한다.

06_ 담당업무 관련지식을 스크랩한 후, 다른 동료들과 공유한다.

07_ 엑셀 활용법에 관한 책을 사서 읽고 배운다.

지력증진 ★

01_ 학원에 등록하여 시간을 효과적으로 관리한다.

02_ 모르는 내용이 나오면 적어놓고 찾아본다.

03_ 창의적 사고 기법을 매일 읽고 실습해 본다.

04_ 현장 직원 또는 멘티와 함께 문제점에 대해 경험을 공유한다.

05_ 회사 지식경영시스템의 유용한 정보를 공유한다.

06_ 이슈가 되는 보고서 등은 공유하고, 그에 대한 의견을 나눈다.

07_ 타부서의 업무를 매일 알아본다.

08_ 지식정보제공업체에 가입하여 제공하는 지식뉴스를 꼼꼼히 본다.

09_ 마케팅 관련서적을 탐독하고 정리하여 학습한다.

10_ 상위 학위취득 계획을 세워 장기적인 도전을 한다.

11_ 늘 현재의 지식을 바탕으로 미래에 변화될 사항을 생각해 본다.

12_ 신기술 관련 발표 자료를 꾸준히 읽는다.

13_ 내가 가진 기술력에 자신감을 가진다.

14_ Top-Down 방식의 기술 관점을 접목하여 전체 균형을 이룬다.

15_ 경제신문 한 가지를 매일 읽는다.

16_ 휴식 시간에는 확실히 쉼으로써 머리를 비운다.

17_ 자신의 부문 최고 성공 선배를 찾아 멘토로 삼는다.

18_ 월급의 10퍼센트는 책과 자료 구입 및 학습 비용에 투자한다.

19_ 독서할 때 책의 여백이나 뒷면에 소감 및 실천아이디어를 적는다.

20_ 나 자신에게 원칙대로 실행하도록 스스로 최면을 건다.

21_ 현장기술을 멘토에게 부탁하여 습득한다.

8장

건강증진전략

행복해지는 비결은 쾌락을 얻으려고 노력하는 것이 아니라
그 자체에서 쾌락을 찾아내는 것이다.

앙드레 지드

1 정신적 건강증진전략

　리더십전쟁의 싸움터에서 조직에 몸담고 있는 구성원은 아플 수가 없다. 아니, 아파서는 안 된다. 정신적으로든 육체적으로든 약해 보여서도 안 되지만, 사실상 건강하지 못하면 어떻게 승리를 장담할 수 있겠는가!

　훌륭한 멘토 역시 건강한 정신과 건강한 신체로 멘토링을 해야 효과적으로 멘토링을 추진할 수가 있다. 그러므로 멘토는 자신은 물론, 멘티의 정신적 · 신체적 건강유지전략도 수립해야 한다.

　성내기를 심히 하면 기운을 상하고(怒心偏傷氣)

생각이 많으면 크게 정신을 소모한다(思多太損神)

정신이 피로하면 마음이 쉽게 지치고(神疲心易役)

기운이 약하면 병이 따라 생긴다(氣弱病相因)

『양생명(養生銘)』에 나오는 말이다. 이는 정신적 건강을 지키기 위한 계명이라고 할 수 있다.

정신적 건강은 정신적인 병이 없어야 한다는 것이다. 그런데 이 말은 흔히 말하는 미쳤다고 하는 정신병만을 의미하는 것은 아니다. 정신병뿐만 아니라 노이로제, 스트레스, 알코올 중독, 정신증상을 일으키는 뇌 신경계의 질환에서 오는 여러 가지 증상이 없어야 정신적으로 건강하다고 할 수 있다.

"정신적으로 건강한 사람은 일하고 사랑하는 데 문제가 없다. 그는 집중 장애가 없이 일하고 사랑할 능력이 있고, 그 두 가지를 동시에 할 수 있다. 다시 말해 활기 있게 일하고 사랑할 수 있으며, 두 가지 영역에서 어떤 방식으로도 방해받거나 구속된다고 느끼지 않는다."

정신분석학의 창시자 프로이트의 정신적 건강에 대한 정의이다. 몸에 병이 없다는 것만으로는 건강하다고 하기에 부족하다. 정신적으로 건강한 사람이라면 현실에 적절하게 대처해서 적응할 능력이 갖추어져 있어야 한다.

삶은 자기가 살아가는 환경에 적응하거나 환경을 조절하고 대처하는 행위의 연속이다. 이것은 이 사회에서 생존하는 데 꼭 필요한 능력이다. 일할 수 있는 능력 역시 정신건강에서 빼놓을 수 없는 부분이다. 사람은 누구나 일하며 산다. 사람마다 능력의 차이는 있지만 가치 있는 일을 할 능력이 있어야 한다. 그 외에 사랑할 수 있는 능력, 신나게 놀 수 있는 능력 역시 정신건강을 말할 때 빼놓을 수 없는 요소이다.

정신적으로 건강한 사람은 배우고 성장하는 것이 인간으로서 당연하다고 생각한다. 그러므로 정신적으로 건강한 멘토는 자신을 수시로 돌아보고 반성도 하며, 자신이 멘티를 위해 도와줄 것이 무엇인지 생각을 한다. 또한 멘토링이 얼마나 중요한 일인지, 멘티에게 얼마나 마음을 열어야 하는지, 얼마나 용서하고 사랑해야 하는지를 안다. 그리고 삶의 매순간이 얼마나 귀중한지, 정신적으로 할 수 있는 좋은 활동들이 얼마나 많은지 잘 안다.

정신적 건강의 모델로 누가 생각이 나는가? 테레사 수녀, 마하트마 간디, 넬슨 만델라, 헬렌 켈러, 김구, 안창호 등 한 사람의 삶이 인류 전체에 얼마나 큰 영향을 가져왔는가?

멘토는 멘티에게 정신적 건강의 모델이 되어야 한다. 그리고 멘토는 멘티의 정신적 건강을 위한 활동계획을 세워 실천하고, 주기적으로 점검을 해야 한다.

정신건강수칙

정신건강을 유지하기 위하여 항상 다음 사항을 유념하자.

❶ 멘토링 중이나 일상생활에서 항상 모든 일을 긍정적으로 생각하라.

❷ 자신의 현재의 상태에 감사하고 또 감사하라.

❸ 자신은 물론 일과 관련된 사람들, 그리고 난관까지도 사랑하라.

❹ 사람의 장점을 보도록 노력하고, 보이는 대로 칭찬하라.

❺ 누구든 미워하지 마라. 원수를 만들면 정신적으로 병이 든다.

❻ 어떠한 상황에서든 웃음을 잃지 마라.

❼ 수시로 명상의 기회를 가져 마음을 맑게 하는 훈련을 하라.

❽ 자연을 사랑하고 자연과 대화하며 자연과 가까이 지내라.

❾ 주변의 사람들과 신뢰의 양을 지속적으로 키워라.

❿ 주기적으로 자신의 정신적 건강에 대해 생각하고 개선해 나가라.

2 신체적 건강증진전략

"신체적 건강 증진을 위하여 매일 꾸준하게 실천하면 좋은 것이 무엇입니까? 그리고 그것을 어느 정도 실천합니까?"

강의 시간에 질문을 하면 대부분의 수강생들은 첫 번째 질문에는 매우 열성적으로 답변을 한다. 그리고 그 대답들 중 우선순위가 거의 일치한다. 다음은 교육생들이 알고 있는 좋은 것들이다.

첫 번째, 좋은 영양소가 들어 있는 음식을 골고루 섭취해야 한다.

두 번째, 꾸준히 지속적으로 운동을 하여 근육의 힘을 키우고 적정한 체중을 유지해야 한다.

세 번째, 몸에 무리가 가지 않도록 적당한 휴식을 취해 재충전을 해야 한다.

네 번째, 몸의 독소를 빼기 위해 땀을 흘리거나 숙변을 제거한다.

다섯 번째, 즐거운 마음으로 규칙적인 생활을 해야 한다.

모두 맞는 말이다. 음식이 보약이고, 운동이 삶의 활력소가 되며, 휴식은 내일을 위한 에너지의 저장이다. 그런데 두 번째 질문에 대한 토의와 발표시간에는 실천 점수가 시원치 않은지 분위기가 가라앉는다.

신체적 건강은 어느 누구에게도 중요하다. 온 천하를 얻고도 건강을 잃으면 아무 의미가 없다. 그것을 모르는 것이 아니면서도, 건강을 지키기 위해 해야 할 일을 모르는 것도 아니면서, 왜 실천이 안 되는가?

멘토는 멘티와 함께 건강 증진 계획을 작성하고, 이를 멘토링 활동 기간 중에 성실히 실천해야 한다. 멘토는 멘티를 격려하고, 멘티는 멘토에게 건강관리에 대한 자신감을 불어주면서 서로 이끌어가야 한다.

"건강할 때 건강을 지키자."

좋은 말이다. 그렇지만 실제로 이를 지키며 실행하기란 그리 쉬운 일이 아니다. 왜 그럴까?

생활수준이 향상되면서 건강에 대한 인식이 대단히 높아

겼다. 그러나 건강은 반드시 생활수준의 향상과 일치하게 향상되지 않는다. 가장 커다란 이유 중 하나는 정신적 건강과 신체적 건강의 균형을 이루지 못하기 때문이다.

"바른 식생활과 규칙적인 운동, 그리고 충분한 휴식의 균형을 유지하라."

멘토가 멘토링 활동 중에 반드시 명심해야 할 일은 신체적 건강은 정신적 건강을 바탕으로 이루어진다는 사실이다. 정신적으로 즐거운 마음이 준비되어 있을 때, 신체적인 운동이나 음식의 섭취도 건강하게 이루어진다는 것이다.

이제 우리나라의 평균수명도 2005년을 기준으로 78세를 넘었다. 남은 생애 동안 행복한 삶을 살기 위해, 조직에 몸담고 일을 하는 동안, 아울러 사회생활을 하는 동안 건강관리를 잘해나가자. 이를 위해 멘토링을 하는 두 사람은 서로 건강에 관해 관심을 가져주자. 그러한 관심만으로도 마음의 안정과 행복감을 느끼게 된다.

그리고 멘토링 활동을 통하여 운동을 하거나 스트레스 관리를 해나가자. 그렇게 하면 자기존중과 자신감도 커지게 된다. 인내심을 필요로 하는 운동이나 등산 등을 할 때에는, 멘토와 멘티의 상호 격려와 협조가 필수적이다. 신체적 건강증진 계획을 수립하여 즐거운 마음으로 꾸준하게 실천한다면 건강은 물론 조직의 생산성 향상에도 기여하게 될 것이다.

신체건강수칙

❶ 신체건강을 유지하기 위하여 기본에 충실한 것은 중요 하다.

❷ 금연 하나만으로 10년은 오래 산다.

❸ 금주는 주종에 관계없이 하루 3잔까지는 좋다.

❹ 운동은 하루 30분씩 일주일에 4회 이상 실시한다.

❺ 식사는 골고루, 규칙적으로, 조금 적게 섭취하는 것이 장수의 비결이다.

❻ 잠은 하루 7~8시간이 좋다.

❼ 짠 음식과 불에 탄 고기를 즐기는 것만으로 위암 발생률 이 4배 이상 증가한다.

❽ 매년 위내시경 검사만 받아도 위암으로 생명을 잃는 일 은 없다.

❾ 과속을 피하고, 돌발사태를 가정한 방어운전으로 안전 을 도모한다.

❿ 물을 자주 마시는 습관을 갖도록 하자.

⓫ 신체적 건강증진은 멘토의 매우 중요한 의무이자 책임 이다.

3 영적 건강증진전략

한 차원 높은 건강

정신적 · 신체적으로 건강을 유지하는 것은 매우 중요하다 그러나 영적 건강을 유지하는 것을 잊어서는 안 된다. 두 가지 건강 이외에도 한 차원 높은 영적 건강을 보살펴야 한다. 영적 건강은 우리의 생활 전반을 통찰하고 시간을 뛰어넘어 더 넓은 의미의 건강을 유지하는 것이다.

영적 건강은 우리가 가진 가치체계의 중요한 핵심이며 우리 자신을 향상시키는 원천이다. 그것은 우리에게 영감을 주는 책을 읽거나 명상을 하거나 기도를 하면서 유지될 수 있다. 신앙을 가진 사람은 기도로, 명상을 하는 사람은 깨달음을 통해, 독서를 하는 사람은 책 속에 숨어 있는 지혜를 발견함으로써 영적인 건강을 유지한다. 지혜는 올바르게 사리를 판단하고 슬기롭게 분별하도록 도와준다. 또한 무엇이 옳고 그른지를 알게 하여 이성의 밝은 빛을 비추도록 도와준다. 명상을 통해 자신의 내면을 바라다보고 차원 높은 지혜를 얻는다. 기도는 자신을 성찰하여 반성하고 절대자의 시각으로 자신을 객관화함으로써 떳떳하고 당당한 삶과 영혼을 간직하도록 해준다.

멘토링 활동을 하면서 멘토와 멘티는 서로의 인생 사명서를 작성하고 다듬거나 명상의 시간을 가질 수 있다. 영감을 주는 책을 읽고 토의하거나 신앙생활에 대해 함께 이야기할 수도 있다. 때로는 자연으로 나가 함께 시간을 보냄으로써 대자연 속에서 인간의 존엄성을 느끼는 것도 좋다. 영적 건강을 유지하기 위해서는 시간투자가 필요하다. 시간이 없다 하여 간과해서는 안 되는 인생의 중요한 차원인 것이다. 영적 건강이 이루어졌을 때 사회생활에서 신체적·정신적 차원과 함께 존경받는 멘토로서의 역할을 할 수 있다.

건강증진모델, 유한양행 차중근 사장의 멘토 유일한

사회에 첫발을 내딛으며 직장을 선택할 때 자신이 추구하는 가치와 적합한지, 자신을 지속적으로 성장시켜 줄 회사인지를 깊이 생각하여 유한양행을 선택한 신입사원, 강원도 횡성 출신의 대학교수가 되고 싶었던 청년, 월남전에 출전하여 삶과 죽음이 교차하는 전쟁터에서 극한 상황을 견디는 인내를 배운 군인, 그러나 지금은 세상의 진정한 가치와 의미는 돈과 명예, 육체적 쾌락 등 외부적인 것에 있는 것이 아니라는 것을 알고, 눈에 보이지 않지만 아름다운 세상을 만드는 것에 열심인 사람, 바로 이 사람이 유한양행의 차중근 사장이다. 그러면 그의 멘토는 누구일까?

유한양행에 입사해 사장이 되기까지 29년 동안 회사의 거의 모든 부문을 다 경험하여 기반을 다진 후 2003년 3월 사장의 자리에 오른 그는 그의 멘토를 유일한 전 회장이라고 말한다. 차중근 사장은 기업이나 개인이 어떤 가치관과 사명을 가지고 있는가를 매우 중요하게 생각한다. 그는 사명과 가치관이 사람의 정신적인 건강과 매우 밀접한 관계가 있기 때문에 일을 할 때 힘을 주고 보람을 가져다준다고 믿는다.

1926년 12월 10일 창립하여 튼튼한 민족의 기업으로 발전하고 있는 유한양행은 온갖 정치적 혼란과 시련을 극복해오면서도 정경유착과 탈세 비리로 점철된 한국기업사의 소용돌이에서 일관되게 정직과 성실, 겨레와 백성들의 유익과 복지에 이바지한다는 기업의 공익정신을 지켜왔다.

유한양행의 창업자 유일한 회장은 재산을 사회에 환원하였고, 우리나라 제약산업 발전에 중요한 역할을 한 인물이다. 그는 제약사업과 교육사업에 심혈을 기울였으며, 유한양행 총 주식의 40퍼센트를 각종 공익재단에 기증하는 등 모든 소유주식을 사회에 넘겼다. 1971년 세상을 떠난 뒤 그의 딸 유재라도 자신의 전 재산을 공익재단인 유한재단에 기부하여 2대에 걸쳐 전 재산을 사회에 환원함으로써, 한국 경제전문가들에게 가장 존경하는 기업인으로 손꼽히기도 했다. 멘토 유일한 회장의 가치관과 기업정신 그리고 사명을 수행하는 아름다움이 차중근 사장에게 삶의 등대 역할을 하고 있다.

4 건강증진전략 아이디어

건강관리 ★★★★

01_ 매일 30분간 달리기 같은 유산소 운동을 한다.

02_ 주말에는 가족들과 가까운 산을 등반한다.

03_ 오전 오후로 약 10분씩 눈의 피로를 풀어준다.

04_ 주 3회 이상 아침운동 후 20분간 반신욕을 한다.

05_ 음식 섭취량을 조절해 적절한 체중을 유지한다.

06_ 저녁 식사 이후에는 불필요한 음식 섭취를 하지 않는다.

07_ 기상과 동시에 한 컵의 생수를 꼭 마신다.

08_ 패스트푸드는 먹지 말고, 채식 위주의 식사를 한다.

09_ 3층 이하의 건물은 걸어서 올라간다.

10_ 하루 3끼를 꼭 챙겨 먹는다.

11_ 밤늦게까지 자지 않고 취미생활을 하는 것을 지양한다.

12_ 금연을 하고, 일주일에 두 번 이상 술을 마시지 않는다.

13_ 가능하면 조미료를 사용하지 않는다.

14_ 설탕을 멀리하고 자연식을 가까이 한다.

15_ 짠 음식과 매운 음식을 조심한다.

16_ 기름기 많은 삼겹살과 육식은 반드시 야채와 함께 양을 조절한다.

17_ 청국장 등 콩으로 만든 음식을 많이 섭취한다.

건강관리 ★★★

01_ 아침에 일어나 가족과 맨손체조를 한다.

02_ 오래된 바지를 가끔씩 꺼내어 입으며 뱃살을 뺀다.

03_ 업무 시간 틈틈이 스트레칭을 한다.

04_ 잠자기 전에 하루를 명상하고, 윗몸일으키기를 100회
    이상 실시한다.

05_ 일주일에 이틀은 자가용을 사용하지 않는다.

건강관리 ★★

01_ 최소한 하루 한두 번은 체중계에 올라간다.

02_ 하루에 커피를 3잔 이상 마시지 않는다.

03_ 수면 시간은 일정하게 유지한다.

04_ 매일 아침 줄넘기 300회를 한다.

05_ 자가용보다는 대중교통이나 자전거를 이용하여 출퇴근한다.

06_ 점심식사 후에는 산책을 한다.

07_ 콜레스테롤 검사 결과를 숙지하여 정상치를 유지한다.

건강관리 ★

01_ 사무실 내에 간단한 운동기구를 설치한다.

02_ 연 1회 이상 마라톤 대회에 참가한다.

03_ 꾸준히 해야 되는 운동을 배운다(볼링, 테니스, 골프 등).

04_ 하루 3번, 식후 3분 이내, 3분간 양치질을 반드시 한다.

05_ 신체에서 알리는 신호를 민감하게 감지하여 존중한다.

06_ 부부가 같이 하는 체조를 한다.

07_ 가족과 함께 새벽에 약수터에 가서 물을 떠 마신다.

08_ 아침형인간이 되자.

09_ 소파에서는 누워 있지 않는다.

10_ 과로하지 말고 충분한 휴식을 취한다.

11_ 매일 저녁 와인을 한 잔씩 마신다.

12_ 정기적으로 병원에서 건강진료를 받는다.

13_ 감기 기운이 있을 때 운동을 하고 물을 많이 마신다.

9장

자기관리전략

더 많이 받아들이면 받아들일수록 정신적 수용능력은 커진다.

세네카

1 판단력 향상전략

객관적 결론 도출하기

자기 자신을 철저하게 관리한다는 것은 쉬운 일이 아니다.

직장인은 조직생활에서 올바른 판단과 선택을 함으로써 위기를 극복해 나아가야 한다. 때로는 리더로서 가슴 아픈 결단과 뼈저린 고통을 감내해야 할 때도 있을 것이다. 그러나 그때마다 리더는 자신의 지위와 분수에 맞는 명령과 처신을 해야 한다.

또한 멘토도 멘토링을 효과적으로 추진하기 위해서는 자기관리를 철저하게 해야 한다. 때로는 멘티의 잠재능력개발을 돕기 위하여, 자신의 욕구를 절제할 줄도 알아야 한다.

그것이 멘토의 책임이기도 하다.

훌륭한 멘토는 뛰어난 판단력과 절제력, 그리고 분별력을 향상시키기 위한 전략을 수립하여 추진해야 한다.

복잡다단한 21세기의 스피드 시대를 살아가는 사람들에게는 순간순간의 판단이 엄청난 결과와 파장으로 다가올 수도 있다. 서로 엉켜 연결되어 있는 네트워크와 인간관계 속에서, 단 한 번의 잘못된 판단은 치명적일 수도 있는 것이다. 이렇게 복잡하고 혼란한 세상 속에서 생존하기 위해, 판단력은 중요한 자산이 된다.

그러면 판단력이란 무엇인가?

판단력은 주변의 사실에 기인하여 논리적이며 객관적인 결론으로 이끄는 능력이다. 다시 말하면, 판단이란 여러 정보들을 수집하고 그 수집된 정보를 자신에게 맞게 변형하여, 변형된 정보를 기초로 특정한 행동을 하도록 결정을 내리는 것을 말하는데, 이때 어떠한 결정을 내리는 능력을 판단력이라 한다. 판단력이 뛰어난 리더는 항상 대안의 장단점을 비교·검토한다. 그리고 모든 사실을 관련지어 생각하는 통합력과 사물이나 사건의 중심을 파악하는 통찰력이 강하다.

통찰력을 개발하려면 먼저 사건의 요점을 잘 파악해야 한다. 그리고 요점을 잘 해석하여 논리적이며 객관적인 기준으로 판단해야 한다. 그리하여 그 사물이나 사건의 진위와 선악, 그리고 미추 등을 생각하여 결정해야 한다. 이 결정의 순간에는 분별력도 함께 필요하다.

그러면 어떻게 하면 판단력을 향상시킬 수 있을까?

판단력이란 생각의 여러 요소들을 적절하게 검토할 때 생긴다. 따라서 판단력을 향상시키기 위해서는 검토할 것들을 모아 여러 종류의 생각을 하는 훈련이 필요하다.

그 사람의 모든 것은 그 사람의 경험을 벗어나지 못한다. 사람은 누구나 백지 상태로 태어났다. 직·간접적인 경험을 통해 우리는 성장하고 강해진다. 같은 경험을 했어도, 경험을 통해 어떻게 학습하느냐에 따라서 강한 사람이 되기도 하고 약한 사람이 되기도 한다.

멘토와 멘티는 멘토링 활동을 하면서, 검토하고 생각하는 훈련과 경험을 많이 하면 할수록 좋다. 논리적인 것을 좋아하는 성향과 감각적인 것을 좋아하는 성향은 대비를 이룬다. 즉, 논리적인 것을 좋아하는 사람은 감각적인 것을 싫어하는 경향이 있고, 감각적인 것을 좋아하는 사람은 논리적인 것을 싫어하는 경향이 있다. 부분적인 것을 좋아하는 사람은 부분적인 것만 보는 경향이 있고, 전체적인 것을 보기 싫어한다. 상상하는 것을 좋아하는 사람들은 구체적인 실행력이 떨어진다. 생각하고 검토하는 능력의 요소들 중에는 짝을 이루어 서로 반대되는 경향이 있다. 사람들에게 불균형이란 자연스러운 것이고, 모든 사람들은 정도의 차이가 있기는 하지만 불균형하다. 오른손잡이가 있는 한편 왼손잡이가 있듯이 말이다. 사람도 내성적인 사람이 있는가 하면 외향적인 사람이 있다. 그리고 경영에 적합한 성향과 역량이 있는 사람도 있고, 예술에 적합한 성향과 역량이 있는 사람도 있다. 여기에 환경적인 요소 등을 합하여 객관적으로 검토하고 통찰한다면 올바른 판단이 가능할 것이다.

삼성의 이병철 전 회장은 사람의 성향을 잘 검토하여 경영의 귀재를 발굴하는 판단의 귀재였다. 그는 사람의 능력과 삼성인으로서의 자질을 판단하기 위하여, 면접 때 여러 부문의 전문가들을 면접위원으로 대동시키기까지 했다. 인재를 얻기 위해서 가능한 모든 방법을 사용하여, 판단의 정확도를 높이고자 하는 노력에서 나온 행동이라고 볼 수 있다.

멘토는 멘토링 활동을 추진하면서, 조직의 규범이나 사회적인 윤리 등의 문제에 부딪치는 경우를 만날 수도 있다. 이때 멘토의 판단력은 멘티의 판단력 형성에 중요한 역할을 하게 된다. 멘토가 잘못 판단하여 멘티에게 실수하는 모습을 보인다면, 멘티는 그후로 계속 잘못 판단할지도 모르는 일이지 않은가? 그러므로 멘토의 판단은 멘티에게 기준이나 나침반이 될 수도 있음을 명심해야 할 것이다. 멘토는 객관적 결론 도출의 명수가 되어야 한다.

판단력모델, 삼성 이건희의 멘토 이병철

"나는 '사람이 기업을 경영한다. 기업은 사람이다' 라는 경영이념을 몸으로 실천해 왔다. 기업 발전의 원동력은 인재이고, 모든 중심은 인재다. 나는 인생의 80퍼센트를 인재를 모아 교육하는 데 보냈다. '인재 제일주의' 는 삼성의 경영이념 세 가지 가운데 첫 번째 항목이다. 경영자에게는 유교적인 수양이 필요하다. 인격을 존중하고 인간 자체를 존경하라. 사람을 중시하지 않으면 기업은 망한다."

삼성그룹의 이병철 전 회장이 이건희 회장에게 한 말이다.

그는 사람을 고를 때는 아주 엄격했지만 한번 선택하고 나면 그 사람에게 모든 것을 맡겼다. 그는 사람이 곧 기업의 성패를 좌우하는 가장 중요한 자원이라고 믿었다. 이러한 판단은 삼성의 미래를 이끌어가는 중요한 기준이다.

2 절제력 향상전략

욕망이라는 전차의 브레이크

절제력은 알맞게 조절하여 방종하지 않도록 자기의 욕망을 제어하는 힘이다. 절제력은 때로 의지력과 비슷한 것으로 받아들여지기도 한다.

"금연에 성공했습니까? 그리고 요즘 절주를 하고 있습니까? 아침 운동은 계속하고 있습니까?"

이 질문에 무어라 답변을 할 수가 있는가?

세 가지 모두 잘 실천하고 있다면 당신의 절제력은 박수를 받을 만하다. 그런데 만약 실천하지 못하는 항목이 있다면 당신의 절제력을 다시 한번 검토해 보기 바란다.

누구나 이 세 가지에 대해 실천을 하려고 여러 번 시도해 보았을 것이다. 그러나 왜 실천이 어려울까?

"회사에서 담당하는 업무가 영업이라서 담배를 끊으면 영업에 지장이 있다."

"담배를 끊으면 살이 더 찔까 봐 걱정이 된다."

정말 그것이 금연을 못하는 진짜 이유인가?

"나는 술을 줄이려 하지만 동료가 자꾸만 권하기 때문에 어쩔 수 없이 마실 수밖에 없다. 만약 술을 안 마시면 왕따 당할까 봐 두렵다."

그것이 진짜 절주하지 못하고, 매번 과음을 하는 진짜 이유인가?

"회사가 집에서 너무 멀어 아침에 일찍 출근을 해야 하기 때문에 아침운동을 못하고 있다."

"저녁에 늦게 잠자리에 들기 때문에 아침운동을 하고 싶어도 일찍 일어날 수가 없다."

그것이 진짜 아침운동을 하지 못하는 이유인가? 아니면 솔직하게 의지와 절제력이 모자라서인가?

그 답은 본인만이 안다. 그 원인에 대해 따지려고 하는 것이 아니다. 왜 이렇게 절제력이 약한가를 생각해 보고, 절제력을 향상시키는 훈련을 하라고 권하고 싶은 것이다.

절제력은 자신에게 주어진 상황이나 자극에 대하여, 충동이나 욕망에 따라 반응을 선택하지 않고 잠시 멈추어서 생각하는 능력이다. 일단 잠시 멈춘 상태에서, 자신의 가치관에 근거하여 판단을 한 뒤 선택을 하는 능력, 이 능력은 인간만이 가진 소중한 능력인 것이다.

담배 한 대만 더, 술 한 잔만 더, 5분만 더 잠자리에 머물고 싶다는 자신의 욕망에 대하여, 잠시 멈추고(Stop), 생각을 해 보고 나서(Think), 자신의 행동을 선택하라(Choose).

잠시만 자신의 인생관이나 가치관에 비추어 어떤 행동을 선택할 것인지를 생각해 보라. 그래도 더 생각이 필요할 때에는 조물주가 인간에게만 특별히 내려준 4가지 천부적 능력을 사용해 보라. 바로 자아의식, 상상력, 양심, 독립의지이다.

자아의식이란 자신을 객관적으로 볼 수 있는 능력이다. 자신의 행동을 제2의 자신이 바라보았을 때, 과연 잘하고 있는가 생각해 보라. 그래도 안 되면, 지금의 나의 행동으로 인해 발생될 미래에 일어날 일들을 상상해 보라. 그리고 양심에 비추어 올바른지 그른지 여부를 판단해 보고, 끝으로 나의 행동에 대해 일어나는 모든 책임을 전적으로 질 수 있는지를 생각해 보라. 물론 이 생각은 몇 초 또는 잠시 동안에 모두 검토해 보아야 한다. 이렇게 자극과 반응 사이에서 생각을 한 뒤에 선택을 하게 되는 행동은 매우 절제되고 합리적인 행동이 된다.

절제력이 강한 사람은 함부로 행동하지 않는다. 깊이 생각하고 신중한 결정을 내리며, 그 결정에 대한 책임은 전적으로 자신이 지려 한다. 이것은 욕망이라는 전차의 브레이크와 같다.

멘토는 멘티와 함께 멘토링 활동을 하면서, 절제력이 약해 중단된 일들을 하나하나 실천에 옮겨보라. 혼자 실천할 때에는 어려움이 많고 실패 확률이 높지만, 멘토와 멘티가 상호 체크하고 격려해 주면서 실천을 한다면 성공 확률은 훨씬 더 높아질 것이다.

절제력 향상 사고전환법

절제력을 향상시키기 위해서는 절제를 해야 할 상황에 처했을 때 생각하는 방법을 미리 훈련해 두어야 한다. 오자사 요시하사의 『나를 경영하는 변화의 기술』에 제시된 절제력을 높이기 위해 생각하는 방법은 다음과 같다.

첫째는 타임스위치 방법이다.

'타임스위치(Time Switch) 방법'이란 문자 그대로 자신의 내부에 있는 시간의 개념을 전환하는 방법이다.

10년 후는 지금부터 1초, 1분, 1일, 1개월이 축적되어 이루어진다. 또 조직에 소속되어 있는 이상 자신의 10년 후의 계획을 실현하기 위해 직접 도움이 되는 일만 할 수는 없다. 오랜 시간 동안 일하고 있으면 그 당시에는 전혀 도움이 되지 않는다고 생각했던 일도 나중에 큰 도움이 되는 경우가 많다. 그 당시에는 도움이 되지 않는다고 생각하더라도 나중에 그 경험이 어디에 도움이 될지 전혀 예상할 수 없는 것이다. 따라서 눈앞의 일을 쓸모없는 일이라고 생각하지 말고 최선을 다해 처리해서 현재 하고 있는 일을 즐길 수 있는 여지를 발견해야 한다.

둘째는 줌 스위치 방법이다.

줌 스위치 방법(Zoom Switch)은 대상 전체를 보느냐, 부분을 보느냐에 따라 거리감을 전환함으로써 사고의 변화를 촉진하는 방법이다.

열심히 추진하고 있던 프로젝트가 결과적으로 실패로 끝나거나 좌절하게 되는 경우, 실패나 좌절이라는 결과만을 보고 쓸데없이 시간만 낭비했다고 생각하지는 않는가. 이것은 사물을 전체로서, 즉 높고 넓은 시야로밖에 보지 않기 때문에 사기가 저하되는 것이다. 이럴 때에는 반드시 사물의 근접거리까지 다가가서 부분을 살펴보도록 하라.

프로젝트를 실현시키려면 다양한 일을 해야 하고 그 과정에서 새로운 경험도 많이 한다. 또 프로젝트와 관련된 수많은 사람들이 새로운 인맥이 될 수도 있다.

이런 식으로 보면, 전체적인 결과는 남길 수 없었지만 개인적으로는 상당한 내용을 축적했다는 사실을 깨닫게 된다. 즉, 사용한 포맷이나 기획서는 다음 기회에 살릴 수 있다는 식으로 받아들일 수 있다는 것이다.

셋째는 롤 스위치 방법이다.

롤 스위치 방법(Role Switch)은 상대방의 입장이나 역할에서 사물을 바라봄으로써 사고를 전환하는 방법이다. 상대방은 동료, 상사, 경영자 등 그 위치나 입장에 따라 다양하다.

넷째는 골 포커스 방법이다.

골 포커스(Goal Focus) 방법은 그 이름대로 목적으로 돌아가서 지금 하고 있는 일의 의미를 재조명해 보는 방법이다.

고통스럽게 느껴지는 일을 하고 있을 때에는 때때로 의욕이 저하되기도 한다. 그럴 때에는 눈앞의 일을 처리하는 데에 정신이 집중되어 지금 하고 있는 일의 목적 자체가 보이지 않는다. 그러나 미래의 목적으로 돌아가서 현재 하고 있는 일을 바라보면 그것이 결코 헛된 일이 아니라는 사실을 재확인할 수 있고 의욕도 생긴다.

다섯째는 찬스 포커스(Chance Focus) 방법이다.

어떤 일이든 그 안에는 반드시 숨겨진 기회가 있다. 그것을 찾아내어 동기 부여와 연결시키는 것이 찬스 포커스 방법의 기본적인 사고방식이다.

여섯째는 리스크 포커스(Risk Focus) 방법이다.

때로는 자신에게 주어진 일을 납득할 수 없을 때가 있다. 납득할 수 없는 경우 사람은 의욕적으로 일을 처리하기 힘든데, 그때 그 일을 하지 않을 경우에 발생할 수 있는 리스크를 바탕으로 동기 부여를 하는 방법이 리스크 포커스 방법이다.

일곱째로 감정을 차단하고 일단 그 상황을 넘기는 것이다.

아무리 노력해도 상황이 바뀌지 않는 경우는 반드시 있다. 그럴 때에 가장 중요한 약은 시간이다. 시간에게 구원의 손길을 내밀어라.

3 책임능력 향상전략

약속 지키기

책임능력이란 무엇일까? 멘토링 활동에 책임능력이 왜 중요할까? 자기관리를 잘하는 사람은 판단력과 절제력 외에도 자신의 약속을 지키고 역할에 충실한 책임능력이 필요하다. 멘토링은 혼자서 하는 활동이 아니다. 멘토와 멘티가 상호 합의된 목표하에 약속을 하고 지키는 활동을 반복하는 제도이다. 이때 멘토와 멘티는 주어진 약속과 역할에 책임을 지고 원만하게 진행을 해야 한다. 책임(Responsibility)은 주어진 약속과 역할에 대응(Response)하는 능력(Ability)이다.

도산 안창호 선생은 '책임감이 있는 이는 역사의 주인이요,

책임감이 없는 이는 역사의 객이다.'라고 말했다. 멘토링에서도 책임감이 있는 멘토나 멘티가 멘토링 활동의 주인이 되는 것이다. 책임과 권한은 동전의 양면과 같다. 멘토링 활동에서 발생하는 책임과 약속은 때로는 권한으로 작용되어 멘토와 멘티가 서로 동기를 부여하는 도구로 활용해야 한다. 아울러 훌륭한 멘토로서 성품과 역량을 갖추고 멘티에게 동기를 부여하면서 잠재능력을 개발해 나가는 것은 멘토의 책임이자 권한이다. 이러한 책임능력을 향상시키려면 멘토 스스로 학습하고 자기계발을 하면서 끊임없이 노력해야 한다. 멘티 역시 멘토를 모델로 책임능력이 향상될 것이다.

멘토링협약서와 승승합의

한국리더십센터에서는 승승합의를 해야 한다거나 승승합의 중이라는 말을 자주 듣게 된다. 승승합의의 취지는 회사와 직원이 서로 동등한 지위에서 서로의 이익을 위해 노력하기로 하는 계약이다. 그래서 일단 계약이 성립되면 회사와 직원이 승승하도록 노력하게 되어 있다. 회사는 직원이 약속한 내용을 실천할 수 있도록 최대한 자원을 제공해 주고, 직원은 회사의 이익을 위해 노력해 나간다. 회사는 직원과 약속한 승승합의를 통해서 회사의 목표를 달성할 수가 있으며, 직원은 회사의 목표달성에 공헌한 대가로 포상을 받는다. 이

때 회사와 직원이 작성한 계약서가 승승합의서이다.

창사 10주년 기념으로 『우리는 이상한 회사에 다닌다.』라는 책을 발간한 한국리더십센터의 대표 김경섭 박사는 승승합의서야말로 책임능력 향상에 큰 효과가 있다고 말했다. 멘토와 멘티가 함께 작성하는 '멘토링협약서' 야말로 승승합의서와 같이 책임능력을 향상시키는 효과가 있다.

4 자기관리전략 아이디어

자기관리 ★★★★

01 하루에 최소한 3번씩 어떠한 불만과 어려움이라도 참는다.

02 2번 생각하고 1번 행동하는 자세를 가진다.

03 돈을 아껴 쓰기 위해 가계부를 작성한다.

04 취침 전 3분은 자기반성을 위한 명상 시간을 가진다.

05 하루에 1시간 이상의 TV 시청을 삼가하고, 가족들과 대화한다.

06 자기관리와 목표관리 강화를 위해 메모 습관을 기른다.

07 주위 사람들의 좋은 점을 찾아서 하루에 한 가지씩 따라해 본다.

08_ 하루 일과를 중요도에 따라 '상', '중', '하' 로 나누어 정리한다.

09_ 반년에 한 번씩 이력서를 다시 쓴다.

10_ 트렌드를 읽기 위해 번화가에 적어도 한 달에 한 번씩 방문한다.

11_ 끝까지 한 가지 일에 집중한다.

12_ 상대방을 우선 배려한다는 원칙을 지킨다.

13_ 다양한 이해관계자의 입장을 고려하여 행동한다.

14_ 고령화를 대비하여 제2의 인생을 꾸준히 준비한다.

15_ 자신에 대하여 자부심을 가진다.

16_ 습관적으로 TV를 켜는 등 비생산적인 습관들을 찾아 제거한다.

17_ 자신의 장단점을 글로 써서 지속적으로 고쳐 나간다.

18_ 매사에 긍정적인 마음가짐으로 생활을 한다.

19_ 가족들에게 하루에 한 가지씩 칭찬을 해준다.

20_ 술자리에서 자신의 정량을 지키고, 후배들에게는 강권하지 않는다.

21_ 항상 주변을 깨끗이 정리·정돈한다.

자기관리 ★★★

01_ 약속은 철저히 지키며, 금전적으로 분수에 맞게 행동한다.

02_ 출퇴근 전후 거울을 바라보며 오늘 하루도 절제하라고 말한다.

03_ 나를 먼저 인정하고 신뢰한 후에 다른 사람에 대해 판단한다.

04_ 잘못된 판단과 절제하지 못해 생긴 실수들을 가족들에게 고백한다.

05_ 약속 자리에는 늘 5분 일찍 도착한다.

06_ 마음속으로 일의 순서와 생각을 미리 정리하여 판단한다.

07_ 생활 신조를 PC 모니터 앞에 적어놓는다.

08_ 화를 냈으면 꼭 사과를 한다.

09_ 쓸데없이 인터넷을 접속하지 않는다.

10_ 하루 계획표를 작성하고 하루를 시작한다.

자기관리 ★★

01_ 화가 날 경우 반드시 1부터 100까지 센다.

02_ 나의 행동을 가족이 보고 있다고 생각하자.

03_ 겁먹지 말자. 하루에 한 걸음씩만 나아가면 된다.

04_ 술값은 각자 내자.

05_ 월 1회 혼자만의 여행을 떠난다.

06_ 쓸데없이 일을 벌이지 않는다. 제발 침착하라.

07_ 화가 나더라도 절대로 욕은 하지 않는다.

08_ 누구에게나 항상 친절하게 행동한다.

09_ 가장 취약한 부분을 개선하려고 노력한다.

10_ 변화 있는 생활을 통해 균형을 찾아간다.

11_ 하루 7시간씩 잠을 충분히 잔다.

12_ 사회학과 정신개발 서적을 자주 읽는다.

13_ 마음을 다스리고 싶거든 무조건 걷자.

14_ 술자리에서 2차는 가능한 한 가지 않는다.

자기관리 ★

01_ 컴퓨터 게임을 멀리한다.

02_ '인생 명언'을 써놓고 하루에 한 번씩 읽는다.

03_ 아는 사람이 없는 거리에서라도 도덕성을 유지한다.

04_ 재미없는 업무를 먼저 실행하고, 재미있는 업무를 다음에 한다.

05_ 금요일마다 3분간 자기 칭찬하기를 실시한다.

06_ 한 번에 한 가지 업무에 최선을 다한다.

07_ 목표의 크기에 관계없이 달성했을 때는 자신에게 보상을 준다.

08_ 실망을 느끼지 않도록 구체적이며 실질적인 목표를 세운다.

09_ 완벽하려고 애쓰지 말고 실수나 실패를 담담하게 받아들인다.

10_ 사실 판단과 가치 판단을 구분한다.

11_ 용돈의 한도를 정해 두고 사용한다.

12_ 나보다 분별력이 있다고 판단되는 사람에게 조언을 구한다.

13_ 용모는 항상 단정하게 한다.

14_ 타인의 비판에 대해 받아들이는 훈련을 한다.

15_ 동료와 일주일 혹은 한 달 단위로 성취도 콘테스트를
한다.

16_ 외식은 한 달에 2회 이상을 초과하지 않는다.

17_ 조금이라도 거리낌이 있으면 다시 생각하고 수정한다.

18_ 직원들과 특정 사안에 대하여 개방적으로 대화한다.

19_ 저축하는 습관과 물자를 절약하는 습관을 기른다.

20_ 가능한 휴일근무는 하지 않기 위해 업무계획을 잘 짠다.

21_ 직원들에게 존경을 받을 만한 일이 무엇인지 늘 생각
한다.

22_ 남의 말에 우왕좌왕하지 않는다.

23_ 새롭게 출발하는 마음으로 매일 양복을 바꿔 입는다.

24_ 일주일 식단을 미리 짜보고 건강식단을 마련한다.

25_ 충동구매를 조심하여 3번 이상 생각 후 결정한다.

10장

인간관계전략

사람을 얻기 위해서는 기다려야 한다.
눈은 먼 곳에 두되 가까이에 있는 인연에 충실하다 보면
장차 드넓은 천지를 만나게 될 것이다.

스유엔

1 조직원 간 관계 개선전략

올챙이 시절 상기하기

여러 사람이 모여 생활하는 조직에서의 인간관계는 매우 중요하다. 더구나 멘토와 멘티 사이는 더욱 좋은 관계가 되어야 한다.

멘토와 멘티가 좋은 관계가 되려면 서로에게 깊은 신뢰가 있어야 한다. 신뢰가 없는 멘토링은 아무 의미가 없다. 효과도 없이 형식적으로 만나는 것은 시간 낭비이자 괴로움의 연속일 뿐이다. 그렇지만 멘토와 멘티가 서로 믿고 의지하며 시너지를 발휘한다면, 멘토링은 보람차고 행복한 결과를 가져다줄 것이다. 그러므로 멘토는 조직에 몸담고 있는 조직구성원 간의 인간관계를 지속적으로 개선해 나가야 한다.

멘토링에서는 개인과 개인 간의 인간관계를 매우 중시한다. 개인과 개인이 모여서 하나의 팀과 조직이 되고, 사회가 되기 때문이다. 물론 멘토는 가족과의 관계도 원만해야 한다. 그래야 직장에서의 생활도 활력이 넘치고, 집 밖에서의 모든 일들이 잘 돌아가게 될 것이다.

멘토형 리더는 조직에서나 가정에서, 그리고 사회에서의 인간관계 개선전략을 수립하여 추진해 나가야 한다. 멘토링에서 가장 중요시하는 인간존중 정신의 주체는 바로 사람이기 때문이다. 사람과 사람이 만났을 때 어떻게 하면 서로 신뢰하고 팀워크를 이룰 수 있을까?

멘토형 리더는 멘토링을 할 때나 조직구성원과 함께 업무를 추진할 때, 인격을 제일 중요하게 생각해야 한다. 그리하여 멘티에게나 조직 구성원들에게 존경받는 리더가 되어야 한다. 그런데 그게 그리 쉽지가 않다. 멘토는 멘티와는 좋은 인간관계를 어느 정도 유지할 수 있을지라도, 조직에서 상사 입장이 되면 부하와의 관계를 멘티와의 관계처럼 부드럽게 이끌어가기가 쉽지 않다.

조직을 떠나는 사람들의 속사정은 어떤가?

정말로 조직을 떠나는 이유는 대부분 상사와의 관계 때문이라는 조사결과가 있다. 상사가 조직구성원들에게 바람직

한 조직문화와 비전을 보여주지 못할 경우 결코 기업 내에
우수한 인재들을 잡아둘 수 없는 것이다.

"직장 상사에게 들려주고 싶은 속담은 무엇입니까?"

검색 포털 사이트 '엠파스'에서 직장인 8,828명을 대상으
로 조사하여 2005년 10월에 발표한 결과는 다음과 같다.

"1위, 개구리 올챙이 시절 모른다 : 2,674명(30%)"

무슨 뜻이겠는가? 상사도 처음 초년병 시절에는 나처럼 실
수도 하고 잘못도 했을 텐데, 스트레스를 그만 달라는 말일
게다. 더구나 올챙이 시절을 까먹는 상사는 그나마 다행이
라며 아예 올챙이 시절이 없었던 것처럼 악랄하게 괴롭히지
말고 제발 잘난 체 좀 그만 하라는 말 아니겠는가? 이는 상
사가 부하를 어떻게 대해야 하는지를 생각하게 해준다.

"2위, 윗물이 맑아야 아랫물이 맑다 : 2,116명(24%)"

이는 상사가 먼저 올바르고 성실하게 모범을 보여달라는
말이다. 그러므로 멘토형 리더는 멤버에게 항상 모범이 되
어야 한다.

"3위, 가는 말이 고와야 오는 말이 곱다 : 1,101명(13%)"

이 응답에서 무엇을 알 수 있는가? 상사의 커뮤니케이션이
눈에 선하게 보이는 듯하다. 구성원을 만났을 때 축하와 격
려의 말보다 지시나 명령, 거기에다 질책만 해서는 안 된다

는 말이 아니겠는가?

칭찬하고 축하하기

세계적인 기업 GE를 이끌었던 잭 웰치는 다음과 같이 말했다.

"나는 20년 동안 축하의 중요성을 계속해서 이야기했다. CEO로서 마지막으로 크로톤빌 연수원을 방문했을 때, 나는 강의실에 앉아 있는 100명 정도의 관리자들에게 '당신들의 기업에서 충분히 축하를 합니까?' 라고 물었다. 내가 그렇다는 대답을 원한다는 것을 사람들이 알고 있었지만 그렇게 대답한 사람은 절반에도 미치지 못했다. 이는 정말 많은 기회를 잃는 것이다. 축하는 사람들에게 승리자의 기분을 느끼게 하며 인정과 긍정적 에너지의 분위기를 만들어낸다."

존경받는 멘토는 멘티나 구성원 누구를 만나든지 언제나 칭찬과 격려할 거리를 찾아낸다. 그리하여 칭찬을 한 뒤 그 기쁨을 함께 나누며 긍정적인 분위기를 창출해 낸다.

그러한 분위기에서 하는 충고나 당부의 말은 격려로 받아들여져서 좋은 인간관계가 형성된다. 그 결과 생산성도 올라가고 조직의 가치도 향상되는 것이다.

직장에서 상사는 구성원들에게 스트레스의 대상이 되기 쉽다. 그러나 오히려 힘과 에너지를 넣어주는 반가움의 대상이 될 수도 있다. 어떻게 하면 될까? 잭 웰치는 『좋은 리더가 되는 법』에서 다음과 같이 강조했다.

"구성원들은 리더의 분위기에 감염된다. 이 역학이 작동하는 것을 수없이 보아왔다. 긍정적인 전망으로 일과를 대하는 리더는 항상 긍정적인 전망을 가진 낙관적인 사람들로 가득 찬 팀이나 조직을 이끌게 된다. 반면 비관적인 전망과 불평을 하는 리더는 결국 그 자신처럼 불평을 하는 구성원들만 이끌게 된다."

멘토형 리더는 구성원들에게 관심을 가지고, 모든 상황을 끊임없이 평가하고, 지도하며, 자신감을 구축하는 기회로 삼아 구성원들을 성장시켜 나가야 한다. 그렇게 하려면 멘토는 구성원과의 관계를 항상 긍정적이며 활기찬 분위기로 만들어가는 신바람 바이러스가 되어야 한다.

멘토형 리더는 각 개인이 성공할 수 있도록 도와주고 준비하는 것에 대한 관심을 가져야 한다. 관심을 가지면서 마음속에 모든 사람을 자기 자신처럼 존경하도록 스스로에게 충고하라. 모든 사람은 특별하고 고귀하며 존경받아야 한다. 멘티는 물론이고 조직구성원 모두 특별하고 존경받을 만한 가치가 있다. 그들은 아마도 자신들이 매우 특별하고 고귀한 존재라는 것을 알지 못하고 있을지도 모른다. 멘토형 리더는 그것을 일깨워주는 사람이 되어야 한다. 그러면 그들은 멘토가 믿고 기대하는 만큼 고귀한 사람이 되려고 노력할 것이다.

"김 대리는 웃는 모습이 참 보기 좋고 멋지네요. 언제 보아도 밝은 표정으로 일을 하고 있더군요. 아마도 무언가 좋은 일이 생길 것만 같지요? 앞으로 좋은 일을 많이 만들어갑시다. 저와 함께요!"

어느 날, 작업 현장에서 어느 리더가 그의 부하 직원에게 이렇게 말하자, 그 직원은 환하게 웃으며 힘찬 목소리로 반갑다고 인사를 했다. 그의 표정은 살아 있었고 활기가 넘쳐났다. 잠깐의 인사였지만 참으로 인상적이었다. 자기가 잘하고 있지만 무엇을 잘하고 있는지 모를 수가 있다. 그러므로 누군가 그것을 알려줘야 한다. 멘토형 리더는 그 역할을 해야 하는 것이다.

훌륭한 멘토는 그들의 내면에 품고 있는 잠재역량의 씨앗에 따뜻한 온도와 넉넉한 습도를 불어넣어, 그 씨앗이 싹을 틔우도록, 그의 가슴에 뜨거운 열정을 불러일으켜야 한다. 그 열정이 신바람으로 연결되고, 이어서 창의성을 발휘하는 단계가 될 때, 조직은 구성원들의 잠재역량 발휘의 효과를 보게 될 것이다.

2 가족관계 개선전략

에너지 공장 가동시키기

벤저민 디즈레일리는 세상에서의 성공보다 가정을 먼저 생각하라고 했다. 그는 다음과 같이 말했다.

"성공은 가정의 평화에서 출발한다. 공적인 생활의 어떤 성공도 가정에서의 실패를 보상해 줄 수 없다."

우리가 직장이나 사회에서 아무리 훌륭한 업적을 내어 세상 사람들에게 존경을 받는다 해도, 가정이 평화스럽지 못하여 부부싸움이나 자녀와의 갈등이 심화된다면 무슨 보람이 있겠는가? 가장 가깝고도 따뜻하게 마음으로 축하해 줄 가정이 깨져 있다면, 아무리 공적인 성공도, 대통령이나 장관이 된들, 사장이나 임원이 된들 그것은 가치가 없는 것이다.

인간은 만남의 존재다. 독일의 유명한 작가 한스 카로사는 "인생은 만남이다."라고 말했다. 인생에서 만남처럼 중요한 것이 없다.

이 세상에 태어나서는 좋은 부모를 만나야 하고, 부모는 훌륭한 자식을 만나야 한다. 스승은 우수한 제자를 만나야 하고, 제자는 훌륭한 스승을 만나야 한다. 멘티는 훌륭한 멘토를 만나야 하고, 멘토는 인간적으로 기본이 되어 있는 멘티를 만나야 한다. 남편은 마음 착한 아내를 만나야 하고, 아내는 선한 남편을 만나야 한다. 만남 속에서도 중요한 만남으로 가정을 이루는 부부의 만남이 있다.

멘토는 가정에서의 행복을 지켜야 한다. 가정이 행복하지 못할 때 조직에서의 원만한 멘토링을 기대할 수 없다. 멘토링의 효과는 마음이 편안한 상태에서 이루어질 때 높아진다. 멘토의 가정에 불안과 갈등이 쌓여 있다면 멘티와의 관계에서 편안할 수가 없을 것이다.

가정은 가족이 함께 각자의 꿈을 실현하는 동시에 가족 공동의 가치를 실현해 나가는 작은 사회집단으로 커다란 사회의 중심이다. 사회생활에서의 활력과 성공은 가정으로부터 나온다. 가정에서는 가족이 함께 이루고자 하는 가족 사명이 있어야 하고, 가족 사명서는 가족이 함께 모여 작성해야 한다. 사명서에 맞추어 가족 구성원들이 각자의 역할을 책임 있게 하면서 서로 어려움이 있을 때 위로하고 격려하며 포근히 쉬게 해야 한다. 사회에서 기운이 다 빠져 가정으로 피신을 오면 온 가족이 기를 불어주어 새로운 신바람을 얻어야 한다. 가정은 신이 내린 인간의 가장 편안한 휴식처이자 힘을 만드는 공장이다.

그러면 멘토는 가정에서의 역할과 인간관계를 어떻게 개선시키는 것이 좋을까? 그리고 멘토링과 어떤 연계성이 있는가?

멘토는 가정에서 가족들의 모델이 된다면, 훌륭한 멘토링이 가능하게 될 것이다. 가족들은 당신이 훌륭한 멘토의 모델링이 될 때 당신을 더욱 신뢰하게 될 것이다.

스스로 가족들의 멘토가 되어보라.

아내의 멘토가 되라.

남편의 멘토가 되라.

자녀의 멘토가 되라.

형제의 멘토가 되라.

다른 가족의 멘토가 되어보라.

그리고 멘토링에 대해 이해시키고 나서, 멘토링 계획을 수립해 보라. 가족들은 당신의 조건 없는 사랑을 느끼고 자신을 가치 있는 존재로 여기기 시작할 것이다.

그 다음에는 가족과의 관계 개선은 물론 얻고자 하는 목표를 설정하여 멘토링을 실시한다. 가족들은 멘토링 활동에서 보람을 경험하고 당신을 점점 더 신뢰하게 될 것이다.

때로는 가족을 당신의 직장에 초대하여 보라. 그리하여 당신이 무슨 일을 하고 있고 미래에 어떤 꿈을 꾸고 있는지 비전을 보여주는 것이다. 그리고 이 일이 가정의 발전을 위해 얼마나 도움이 되는지 상세히 설명해 주어라. 그때 가족과 당신의 비전이 공유되어 서로를 공감하게 될 것이다.

멘토는 이러한 역할을 수행할 때, 가족 내에서 영향력을 행사할 수 있다. 만일 이런 역할을 건전하게 원칙 중심으로 잘 수행한다면, 모델링을 통해 신뢰감의 기초를 형성하고, 멘토링을 통해서 신뢰를 더 쌓을 수 있다.

사람들과의 관계를 잘 유지하는 방법에 대하여 『순자(荀子)』에서는 다음과 같이 일렀다.

"상대방을 이롭게 해주지 아니하고 자기만을 이롭게 하는 것은 상대방을 먼저 이롭게 해준 후에 자기를 이롭게 하는 것만큼 이롭지는 못하다."

『성공하는 사람들의 7가지 습관』의 저자 스티븐 코비 박사는 성공하는 사람들의 다섯 번째 습관을 다음과 같이 정의하였다.

"먼저 이해하고 다음에 이해시켜라."

이 말은 인간관계에서 상대방에게 나의 뜻을 전하려면, 먼저 상대방의 의견을 경청한 후에 나의 의견을 말하라는 것이다. 대인관계에서는 상대방의 의견을 경청하고 존중하면서, 상호 이익을 추구하는 것부터 시작된다. 즉, 상대방을 먼저 배려하면서 관계를 유지하라는 말이다.

멘토는 가정과 사회에서의 대인관계를 좋은 관계로 유지하려면, 쌍방향 커뮤니케이션이 가능하도록 전략을 수립해야 한다. 쌍방향 커뮤니케이션의 기초는 쌍방 모두가 대화에서 즐거움을 느껴야 한다는 것이다. 그러므로 서로 상대방을 배려하면서 존중해 주는 분위기로 대화를 이끄는 것이 중요하다. 그리하여 대화가 끝났을 때에는 서로에게 유익하고 보람이 있어야 한다.

"당신이 대중을 구원하려고 노력하는 것보다 문제가 있는 한 사람에게 전념하는 것이 보다 고귀한 일이다."

유엔에서 전임 사무총장을 지낸 함마슐트의 말이다. 이 말의 의미를 생각하며 다음의 질문에 답해 보자.

지난 한 달 동안, 배우자와 단둘이서 몇 시간이나 진지하게 대화를 나누어보았는가? 자녀와 단둘이서 몇 시간이나 진지하게 대화를 나누어보았는가? 부모님과 단둘이서 몇 시간이나 진지하게 대화를 나누어보았는가? 친구와 단둘이서 몇 시간이나 진지하게 대화를 나누어보았는가?

멘토는 멘티와 진지한 대화를 나눈다. 직장에서는 수많은 구성원들과 많은 시간을 할애하여 대화를 나눈다. 그러나 정작 배우자나 자녀와는 깊고 의미 있는 대화를 나눌 수 있는 시간을 내지 못하는 이유는 무엇인가? 멘토는 멘티와 대화의 시간을 통해 멘티의 성장에 도움을 주어야 한다. 그러나 멘티는 물론 가족과도 대화해야 한다. 가족과 대화하는 시간을 내는 데는 겸손, 용기, 의지가 더 필요하다. 그래서 멘토는 겸손하고 용기가 있어야 한다. 그리고 한번 결심하면 포기하지 않는 의지도 있어야 한다.

멘토는 에너지 공장을 가동시키는 공장장과 같다. 가정에서의 화목한 관계는 엔돌핀과 활기를 샘솟게 하여 세상을 밝게 한다.

인간관계모델, 임상옥의 멘토 홍득주

MBC 드라마 '상도'의 한 장면이 생각난다.

주인공 임상옥은 유기를 파는 가게 심부름꾼으로 일을 배우기 시작하면서 아침 일찍 출근하여 밤늦게까지 남이 시키지 않아도 스스로 일을 열심히 한다. 밤늦게까지 일을 하며 장부를 정리하던 임상옥을 의주의 최고 부자였던 홍득주가 발견한다. 대기업의 회장이 한밤에 순찰하다가 혼자서 열심히 일하는 회사의 말단 사원을 발견한 셈이다.

홍득주는 임상옥을 마음속으로 아끼고 있던 사람이었다. 그러나 의외로 홍득주는 임상옥에게 호통을 친다. 홍득주는 임상옥에게 이렇게 말했다.

"그런다고 돈이 벌리는 줄 알아?"

홍득주의 말이 가슴에 비수처럼 박혔다. 나이를 한 해, 두 해 먹으면서 결혼하고 아이들이 하나 둘씩 생기면서 우리는 누구나 돈을 벌고 싶어하고, 돈을 벌 수 있는 일이라면 여기 저기 쫓아다니며 노력한다.

임상옥도 처음에는 돈에 관심이 없었으나, 가난이란 굴레 때문에 생계를 위협받는 어머니와 동생들을 보살피려 돈을 벌려고 아침부터 밤늦게까지 노력했던 것이다. 그런 그에게 당대 최고의 부자였던 사람이 일침을 가하며 던진 말 한 마디가, "그런다고 돈이 벌리는 줄 알아!"였던 것이다.

무조건 열심히 '하면 된다'는 생각으로 노력하는 것보다는 '어떻게 해야 하나?'를 먼저 생각해야 한다.

누구나 돈을 벌고 싶어한다. 그러나 직접적으로 돈만 보고 돈을 쫓아다닌다고 돈이 벌리는 것은 아니다. 운동장에서 축구를 할 때를 생각해 보라. 죽어라 뛰면서 공만 쫓아다니지만, 공 한번 못 잡고 힘만 빼는 사람이 많다. 운동을 못하는 사람들의 공통된 점인 것 같다. 돈도 마찬가지다. 돈만 보고 열심히 돈을 잡으려고 뛰어다닌다고 돈이 잡히는 것이 아니다.

만약, 당신이 지금 돈을 벌고 싶고, 열심히 노력하려는 마음가짐을 가졌다면, 방법을 스스로 찾아보라. 그 방법은 남이 가르쳐줄 수 있는 것이 아니다. 물론 다른 사람들의 경험을 들을 수는 있다. 다른 사람들의 방법은 좋은 참고서가 된다. 그러나 그것은 그들의 방법이지 당신의 방법은 아니다.

상도의 주인공 임상옥은 자신의 방법을 찾았다.

"장사는 이익을 남기는 것이 아니라, 사람을 남기는 것이다."

무조건 열심히 뛴다고 보상받을 수는 없다. 사람의 신뢰와 인정을 받으며 마음을 얻어야 한다.

3 사회관계 개선전략

사회관계 유지의 안전거리

인간은 사회적 동물이므로 많은 사람들과 모임을 구성하여 활동을 하면서 사회에서의 인간관계 유지를 필요로 한다. 사회(Company)란 여러 사람이 함께(Com) 살아가면서 필요한 자원과 빵(Pan)을 생산하는 집단이다. 여러 사람이 만날 때 서로 상대방의 입장을 배려하는 마음과 그들의 생각을 존중하는 자세가 필요하다. 대인관계에서 성숙한 사람은 항상 자신의 이익을 추구하기 전에 상대방의 이익을 추구함으로써, 상호 이익을 염두에 두고 행동을 한다. 먼저 상대방의 욕구와 기대가 무엇인지 알기 위하여 잘 듣고 이해하도록 경청하는 자세를 갖춰야 한다. 자신의 말을 경청해 주는 마음을 이해한다면, 상대방도 호의적으로 협조하고 함께 상호 이익을 추구해 나갈 것이다. 그 결과 두 사람의 역량과 지혜로 시너지 효과를 발생시켜 높은 생산성 향상과 고품질의 성과가 창출될 것이다. 그러면 대인관계의 안전거리는 어느 정도일까? 가족이 아닌 사람에게는 프라이버시 존중과 상황에 따른 적정한 배려 차원의 안전거리가 필요하다. 그리고 너무 가깝게 관계를 유지할 경우 불편함을 초래할 수도 있기 때문에 항상 상황을 인식하고 안전거리를 유지해야 한다. 옛날 우화에 두 마리 고슴도치의 이야기가 있다. 매우 추운 날씨에 체온을 유지하기 위해 서로 부둥켜안고 있고 싶었던 두 마리의 고슴도치는 몸에 붙은 가시가 서로를 찔러 껴안지 못하고 추위에 떨었다. 너무 추워 다시 껴안으려 했으나 가시 때문에 떨어지곤 했다. 이런 일이 수차례 반복된 후, 마침내 두 마리의 고슴도치는 서로의 체온을 느끼면서도 가시에 찔리지 않는 적정한 안전거리를 찾아내게 되었다고 한다.

사회에서의 인간관계나 멘토와 멘티의 관계에서도 적정한 안전거리는 필요하다. 멘토는 멘티에게, 멘티는 멘토에게 최소한의 지켜야 할 에티켓과 예절이 있다. 사회생활에서의 인간관계를 개선하기 위하여 항상 상호 이익을 추구하며 예절을 지키는 가운데 서로 성장할 수 있다.

사회관계모델, 다일공동체 최일도 목사

다일복지재단이 2002년 10월 4일에 세운 천사병원은 청량리 성매매 여성들이 모아준 47만5천 원, 이를 토대로 한 사람이 100만 원의 후원금을 기탁하는 '천사(1004)운동'으로 공사 비용을 충당했다. 월 1억5천만 원에 달하는 운영비도 한 명이 1만 원씩 모으는 '만사(10004)운동'에 동참한 1만 5천여 명의 회원 덕택에 큰 어려움 없이 충당되고 있기 때문에 몸이 아파도 의료보험 혜택을 받지 못해 병원을 찾지 못했던 노숙자들은 천사병원을 찾아 무료로 진료를 받을 수 있다.

다일공동체 대표 최일도 목사는 노숙자나 걸인 같은 이웃이 자신의 가족이기에 사랑하는 것이라 했다. 여기서 가족은 핏줄의 개념이 아니며, 우리 사회의 소외된 이웃뿐 아니라 국적과 인종을 초월해 지구상의 모든 생명을 일컫는다.

최일도 목사는 마더 테레사 수녀가 "나는 한 사람을 사랑할 뿐이다."라고 말한 것처럼 한 사람을 정말 깊이 있게 사랑한다면 다른 모든 사람을 진심으로 사랑할 수 있다고 말했다. 그는 "사랑이 그 깊이를 잃는다면 아무리 많은 사람을 사랑한다 해도 무의미한 일"이라고 덧붙이며, 한 사람의 존엄성을 강조했다. 멘토는 한 사람의 인격을 매우 소중하게 생각한다. 멘토는 사회관계에서 한 사람 한 사람을 매우 귀중하게 여겨야 한다.

　최일도 목사는 사랑에는 깊이, 넓이, 순수성, 지속성, 표현의 다섯 가지 요소가 있는데 이 중 깊이와 넓이는 서로 모순되는 것이 아니라 연관되는 것이라고 강조했다. 멘토는 조직에서나 가정에서 그리고 사회에서 인간을 가장 소중하게 여기며 존중하는 사람이어야 한다.

4 인간관계전략 아이디어

인간관계 ★★★★

01_ 매일 지인 1명씩에게 안부 전화를 하고 관심을 보인다.

02_ 누구를 만나도 내가 먼저 웃으며 인사를 한다.

03_ 매년 한 번 이상 가족과 여행을 한다.

04_ 좋은 관계일 때 친한 사람과 멀어지지 않도록 주의한다.

05_ 타인의 의견을 경청하고 존중하는 자세를 가진다.

06_ 친하지 않은 동료와도 차 한잔 마시며 대화한다.

07_ 인간관계 리스트를 작성하여 꾸준히 관리한다.

08_ 동료들의 경조사를 내 일처럼 챙겨준다.

09_ 월 1회 형제자매를 방문하여 돈독한 관계를 유지한다.

10_ 매주 2~3회 부모님께 안부전화를 드린다.

11_ 잠들기 전 하루를 반성하며 고마운 분을 생각한다.

12_ 10퍼센트 손해 본다는 자세로 임한다.

13_ 나와 반대되는 의견을 가진 사람의 입장에서 생각해 본다.

14_ 나를 미워하는 사람들도 사랑으로 포용한다.

15_ 가족에게 편지로 진심으로 사랑하는 마음을 전달한다.

16_ 주위 사람과 땀 흘리며 운동을 하는 기회를 자주 갖는다.

17_ 관계 개선을 위해 노력해도 헛수고일 경우엔 과감히 포기한다.

18_ 내 자신이 부족한 사람임을 항상 염두에 둔다.

인간관계 ★★★

01_ 일주일에 한 번은 직원들과 함께 운동하고, 술을 한잔
한다.

02_ 도움을 받으려 하기 전에 먼저 남을 도와준다.

03_ 사소한 것에도 조언을 구한다.

04_ 주 1회 이메일이나 쪽지를 통하여 안부 인사를 한다.

05_ 나라와 국가를 위해 무엇을 할 수 있을까 고민한다.

06_ 가족의 기념일과 생일을 꼼꼼히 챙긴다.

07_ 단 한 번이라도 안면이 있는 사람은 1년에 한 번 안부
전화를 한다.

08_ 아침 인사는 칭찬의 말로 시작한다.

09_ 힘들거나 어려운 일이더라도 남보다 내가 먼저 앞장
서서 시작한다.

10_ 무조건 먼저 경청하면서 고개를 끄덕이고 눈을 마주
바라본다.

11_ 어떤 상황이라도 긍정적으로 생각하고 침착하게 대처
한다.

12_ 업무보다 인간관계가 우선이라는 신조로 대한다.

13_ 회의나 교육 중에는 휴대폰을 끈다.

14_ 전화를 받을 때 마주 보고 대화하듯이 겸손히 말한다.

15_ 멘토의 친구에게 예절을 갖추어 인맥을 넓힌다.

16_ 멘토와 만나지 않는 날도 문자메시지로 안부를 전한다.

17_ 모든 사람은 소중하며 존중받아야 한다는 믿음으로
만난다.

인간관계 ★★

01_ 부서원의 신상을 파악하여, 한 마디씩 건네준다.

02_ 가족 모임을 자주 가지도록 노력한다.

03_ 매월 소년 소녀 가장의 집을 방문하여 봉사한다.

04_ 주말을 이용하여 집안일을 돕는다.

05_ 다른 사람의 고민을 들어주고 함께 해결 방안을 모색
해 본다.

06_ 옛 친구들에게 연락을 한다.

07_ 인터넷 동호회 활동을 하여 인맥을 넓힌다.

08_ 가족들에게 자주 문자메시지를 보낸다.

09_ 감사하다는 말을 자주 사용한다.

10_ 퇴근 전에 집에 전화를 미리 한다.

11_ 책임을 항상 공유하여 단결심을 키운다.

12_ 주위 사람들에게 책을 선물한다.

13_ 동료가 야근할 때 먹을 것을 사다 준다.

01_ 주 1명씩 새로운 사람과 인사를 하고, 프로필을 관리한다.

02_ 가까운 부서의 업무에 대하여 관심을 가진다.

03_ 사귀고 싶은 사람, 관계하고 싶은 사람을 1년에 한 명씩 만든다.

04_ 배우자에게 "고생한다."는 따뜻한 말을 진심으로 건넨다.

05_ 가식을 버리고 자연스럽게 사람을 대한다.

06_ 상대방의 호의를 믿는다.

07_ 단전호흡을 배워 마음을 정화한다.

08_ TV프로그램은 정해진 프로만을 시청한다.

09_ 직장 동료들에게 가족과 같이 대하며 미소로 대화한다.

10_ 표정을 관리하고, 아침 출근시 웃는 연습을 한다.

11_ 항상 사람들과 격려하며 껴안기를 생활화한다.

12_ 정성으로 진지하게 사람을 대하여 신뢰성을 키운다.

13_ 친구들의 아이들, 부인의 이름과 생일을 외워 친하게 지낸다.

14_ 절대로 자리에 없는 사람을 비난하지 않는다.

15_ 가족과 저녁에 1시간 이상 진실한 마음으로 대화한다.

16_ 일주일에 한명씩 부서원을 선택하여 편지와 작은 선물을 전한다.

11장

행복한 신바람 **멘토**

진정한 행복은 능력을 맘껏 펼치는 데 있다.

비트런드 러셀

1 우수 멘토로의 성장

21세기는 스피드의 시대이다. 변화의 속도가 너무 빨라 오늘 배운 지식이 1년 후면 무용지물이 되기도 한다. 이러한 상황에서 혼자서 자기계발을 한다는 것은 그리 쉬운 일이 아니다. 그래서 함께 배우고 일하며 성과를 낸 멘토가 자랑스러운 것이다. 멘토는 멘토링을 통해 자기성장의 기쁨을 짜릿하게 느꼈을 것이다. 멘티도 멘토링을 통해 자기성장의 기쁨을 흠뻑 느꼈을 것이다. 성공하는 멘토는 더불어 기뻐할 줄 안다. 가슴에 축하의 별을 달고 기쁨에 크게 웃자.

배움과 일과 사랑을 함께 엮어 멋진 하모니를 이루는 멘토링을 통해, 우수 멘토로 성장하자. 우수 멘토가 되면 조직에서의 성장에 크게 도움이 된다.

자기성장은 반드시 일정한 절차와 기간이 경과해야 한다. 생명이 있는 것은 무엇이든 태어나서 자라는 성장 과정이 있듯이, 자기성장도 반드시 어느 기간 동안의 인고의 과정이 있다.

대나무를 어떻게 재배하는지, 대나무가 어떻게 성장하는지 아는가?

대나무는 씨앗이 되는 종자를 심어도 그 순이 바로 나오지 않고, 4년 동안 땅 밑에서만 뿌리를 뻗어간다. 땅 위로 보이는 것은 작은 알뿌리와 거기서 나오는 조그만 싹뿐이다. 그런데 그 싹은 키가 크지 않고 옆으로 둥치만 키우면서 4년을 기다린다. 그래도 농부는 계속 대나무 밭에 물을 뿌리고 거름을 주며 열심히 가꾼다.

5년째가 되는 해, 대나무는 몇 달 사이에 25미터 높이까지 자란다. 얼마나 멋진 일인가? 그래서 세상 사람들은 이러한 일을 대나무의 기적이라고 한다. 대나무의 성장이 기적처럼 보이는가?

그러나 대나무의 기적은 기적이 아니다. 대나무를 키우기 위해 땅 밑에서 대나무 뿌리는 무려 4년간을 준비한 것이다. 비록 당장의 수확이 없다 하더라도 25미터의 커다란 비전을 그리면서 기다린 것이다. 멘토가 되려면 이 대나무의 교훈을 가슴에 새겨야 한다.

훌륭한 멘토는 결코 하루아침에 될 수가 없다. 지속적으로 노력하면서 자신의 성품과 역량을 키우고, 구성원과 다른 사람들에게 동기를 부여하면서 끊임없이 자기계발을 해야 한다. 아울러 심력과 지력을 개발하고, 건강관리는 물론 인내심을 가지고 자기관리를 하면서 인간관계를 잘 유지해야 한다. 멘토는 언제 어디서나 존경받는 사람이어야 하기 때문이다.

누구나 멘토가 될 수가 있다. 그러나 아무나 멘토의 자격을 갖추었다고 할 수는 없다.

2 차세대 리더로의 성장

차세대 리더란 어떤 사람인가?

이는 앞으로 다가올 시대에, 많은 사람들의 모범이 되고 영향력을 끼쳐, 미래의 시대에 조직과 사회를 이끌어갈 수 있는 리더를 말한다. 차세대 리더를 얻기가 옛날에는 쉬웠을까? 중국 속담에도 다음과 같은 말이 있다.

"경사이득 인사난득(經師易得 人師難得) – 경서(經書)를 가르치는 스승은 얻기 쉬우나, 인품이 뛰어나 인간을 가르칠 만한 스승은 얻기 어렵다."

다산의 저서 『이담속찬(耳談續纂)』에 나오는 글이다. 다산 정약용은 지식을 가르치는 스승은 구하기 쉬워도, 인품이 뛰어난 스승은 구하기 어렵다고 했다. 그 당시에도 역시 스승이 역량을 갖출 수는 있어도, 그 스승이 인간다운 성품과 인격을 갖추기는 어려웠나 보다.

옛날이나 지금이나, 또는 미래에도 인품을 갖춘 리더가 필요하다. 아무리 능력이 뛰어난다 하더라도 인격이 갖추어져 있지 않으면 멘토형 리더가 될 수 없다. 아울러 차세대 리더도 될 수가 없는 것이다.

미래에는 섬김의 미덕을 가진 리더가 각광을 받게 될 것이다. 이는 인격이 갖추어져 있지 못하면 조직구성원을 섬길 수 없다는 것을 의미한다. 인간 존중의 이념으로 성품과 역량을 겸비한 멘토형 리더는 차세대 리더로 성장하는 지름길이다. 섬기는 리더십은 다른 사람을 섬기는 가운데 동기를 부여하고, 그들이 성장할 수 있도록 돕는 리더십이다.

요즘은 기업의 조직도를 과거와 달리 역삼각형으로 그리는 기업이 상당히 많다. 맨 위에 사장, 밑으로 사원이 있던 과거의 피라미드 구조가 아니다. 그 반대다. 맨 위에 고객이 있고, 그 다음에 사원과 임원 그리고 맨 밑에 CEO가 있다. 섬기는 리더십을 갖춘 리더가 조직에 있다는 증거이다. 이제는 고객과 구성원들을 섬기는 리더가 필요한 시대이다. 이 섬기는 리더가 바로 멘토형 리더이다. 왜냐하면 멘토형 리더는 인간존중의 이념으로 인격을 가장 존중하는 리더이기 때문이다.

호박과 참나무의 성장 과정을 비교하면 놀랍다. 호박씨를 심어서 호박으로 자라기까지는 불과 3개월밖에 걸리지 않는다. 그렇다면 도토리를 심어서 참나무 제목을 얻기까지는 과연 얼마나 걸릴까? 족히 30년은 걸린다. 3개월과 30년은 자그마치 120배의 차이가 난다.

그렇지만 쉽게 얻은 호박은 한 끼를 때우면 그만이지만, 어렵게 얻은 재목으로 집을 지으면 100년 이상 간다. 당신이 바라는 소원은 호박과 같은 것인가, 참나무와 같은 것인가? 소원하는 크기와 무게에 따라서 성취의 기간이 달라진다는 사실을 명심할 일이다.

간절한 소망을 갖고, 자기 자신을 믿으며, 끈질기게 노력하는 자는 반드시 성공한다. 당신도 마음먹은 대로 성취할 수가 있다. 큰 꿈을 꾸는 당신과 함께 외치고 싶은 말이 있다. "우리 모두 멘토링을 통하여 차세대 리더로 성장합시다!"

3 교학상장(教學相長)

  상생의 멘토링 시대에 블루 오션의 바다에서 멘토링과 함께 휴가를 즐기는 멘토를 상상해 보자.

  긴장을 풀자. 마음을 열자. 함께 따뜻한 마음으로 힘껏 포옹하자. 포옹은 만병을 낫게 한다. 가슴과 가슴이 서로 만나 만들어내는 따뜻한 세상은 포근하고 아름다운 행복 세상이다.

  상상 속의 멘토를 큰 소리로 불러보자. 그가 누구인가? 바로 당신일 것이다. 성공하는 멘토는 더불어 배우고 성장하며, 더불어 사는 지혜를 가지고 있다. 그래서 더불어 사는 관계를 만드는 데 능숙하므로, 더불어 사는 가정을 가꾸며, 더불어 사는 직장, 더불어 사는 사회, 더 나아가 더불어 사는 나라와 세계를 만들어 갈 수 있다.

'교학상장'은 『예기』에서 유래된 경구로, '가르치고 배우면서 서로 성장한다.'는 뜻이다.

"배워본 후에 부족함을 알게 되고, 가르쳐본 후에 어렵다는 것을 알 수 있다. 부족함을 알게 된 후에 스스로 반성할 수 있고, 어려움을 알게 된 후에 스스로 노력할 수 있다."

멘토링은 교학상장을 실천하는 제도이다. 처음에는 멘토가 멘티를 가르치고 지도하지만, 어느 정도 시간이 흐르면 멘티가 주인이 되어 멘토를 리드할 수 있다. 그와 동시에, 멘토는 멘티를 가르치기 위해 준비하면서 자신의 지식과 경험을 정리하고, 그러면서 자신의 부족한 부분을 반성하기도 하고, 멘토링을 하면서 자신의 성장에 도움이 되는 계획을 세워 실천하게 된다.

아울러 멘티로부터 새로운 신지식을 배우게 된다. 후배가 가지고 있는 색다른 생각과 기술 등을 습득하고, 자신이 가지고 있던 지식이나 경험과 비교하고 평가하여, 새로운 지식을 재창조한다. 이것이 바로 교학상장이요, 학습조직이요, 지식경영의 핵심인 것이다. 미국산업훈련협회에서 멘토링이 '지식경영과 학습조직의 두 마리 토끼를 잡았다'는 발표를 하게 된 의미가 쉽게 이해될 것이다.

멘토링은 멘토와 멘티가 상호 신뢰, 상호 유익, 상호 성장의 기본 정신을 바탕으로 추진하는 제도이다. 멘토와 멘티, 그리고 멘티의 소속 팀장과 3박자가 되어, 아름다운 하모니를 이룬다. 그 결과 조직의 핵심인재가 길러져서, 조직의 성과향상을 이루고, 개인과 조직이 더불어 성장을 하게 된다.

일본 소프트뱅크그룹의 손정의 회장은 다음과 같이 말했다. "상대에게 이익을 주면 상대는 나를 친구로 받아들인다. 그후의 이야기는 순풍에 돛 단 듯 진행되기 마련이다. 그게 나의 이익이다."

멘토링은 서로에게 이익을 준다. 그리고 순풍에 돛을 달고 성공항해를 하도록 돕는다. 신바람 나는 성공 항해를 기대하며 스스로 멘토가 되자.

조직생활에서의 성공 항해가 걱정되는가? 우리가 하는 걱정거리의 40퍼센트는 절대 일어나지 않을 사건이며, 30퍼센트는 이미 일어난 사건이고, 22퍼센트는 사소한 것이며, 4퍼센트는 우리가 해결할 수 없는 사건이라고 한다. 결국 96퍼센트의 걱정거리가 쓸데없는 것이고, 나머지 4퍼센트만이 우리가 대처할 수 있는 진짜 사건이다. 그럼에도 불구하고 대부분의 사람들은 어차피 해결할 수도 없는 문제로 고민하고 시간을 허비한다. 이제 고민으로부터, 걱정으로부터 해방되자. 멘토링이 해결책이다. 다만 정직과 성실로 멘토링을 맞아야 한다.

4 더불어 사는 지혜

어느 기업체 사장이 이렇게 말했다.

"물론 돈을 잘 버는 것이 가장 중요합니다. 하지만 진짜 즐거움은 바로 주는 즐거움에 있지요. 경영자로서 주주나 구성원에게 주는 기쁨을 누리고 싶어요."

경영자로서 이러한 마음을 갖고 있다면, 그는 멘토형 리더이다. 멘토형 리더는 더불어 의논하는 데서 재미를, 더불어 성장하는 데서 보람을, 더불어 일하는 데서 기쁨을, 더불어 나누는 데서 행복을, 더불어 사는 데서 지혜를 얻는다.

인간은 사회적 동물이요, 관계적 존재이므로, 여러 가지 관계 속에서 서로 의존하고 상부상조한다. 어려서는 부모와 더불어 살고, 학창 시절에는 친구와 더불어 배우며, 어른이 되면 가정을 이루어 살아야 하고, 직장에서는 동료와 더불어 일한다. 그리고 사회에서는 여러 사람들과 더불어 어울려야 한다.

공동체 속에서 더불어 사는 사람은 풍요의 심리를 가져야 한다. 따라서 인생은 풍요롭고 보람이 있으며, 새로운 경험과 멋진 성공이 우리를 기다리고 있다고 믿자. 멘토링을 통해 상생하는 기쁨을 맘껏 누리자. 그리고 더불어 발전하고, 더불어 성장하자.

이 세상은 멘토와 멘티가 모두 다 필요하다. 멘토가 인생에서 성공하는 것도, 멘티가 직장에서 성공하는 것도 인류 공영에 공헌하는 것이다. 다른 사람들도 인생에서 성공할 수 있도록 도와주는 것은 더 큰 공헌이다. 성공은 다른 사람의 것을 빼앗는 것이 아니라 오히려 다른 사람의 성공을 창조하고 도와주는 것이다. 성공한 사람이 다른 사람들을 도와줄 때 그것은 모든 사람의 본보기가 되며, 그들의 성공은 다른 이들에게 전염이 된다. 멘토형 리더는 성공할 의무와 책임이 있다.

멘토와 멘티의 성공은 많은 사람에게 이익을 가져다줄 것이다. 개인적으로나 조직적인 측면에서 바람직한 성공을 만드는 멘토링을 사랑하자. 멘토링을 사랑하는 사람들 모두가 성공을 하고, 이 세상이 성공한 사람들로 가득 차게 만들어야 한다. 멘토형 리더가 되기로 결심하고, 실천을 다짐하자.

그렇다면 멘토형 리더의 마음가짐이란 무엇일까?

부부자자 형형제제 부부부부 이가도정(父父子子 兄兄弟弟 夫夫婦婦 而家道正 : 아버지는 아버지답고 아들은 아들다우며, 형은 형답고 아우는 아우다우며, 남편은 남편답고 아내는 아내다우면 가도가 바르게 된다)

『주역』에 나오는 말로, 어느 자리에 있더라도 그 자리에 어울리도록 사고하고 행동하라는 교훈이다. 그러므로 멘토는 멘토다워야 한다.

성품과 역량을 갖추어 멘티를 동기부여하여 이 세상을 신바람 나게 만들자. 멘토 파이팅! 멘티 파이팅! 멘토링!

멘토링코리아컨설팅 소개

멘토링코리아컨설팅의 운영목적

멘토링코리아컨설팅은 한국의 기업과 조직이 최적의 멘토링 프로그램을 도입하여, 조직구성원의 잠재능력을 개발하고 조직문화로 정착시켜 나감으로써, 개인의 행복과 조직의 성과 향상을 이루도록 돕는 한국 최고의 멘토링 컨설팅 전문가 그룹입니다.

멘토링코리아컨설팅은 기업현장에서 다년간 현장실무 및 교육컨설팅 경험을 가진 유능한 컨설턴트들이 한국형 멘토링 프로그램을 효과적으로 도입 실천하도록 돕는 데 앞장서고 있습니다.

멘토링코리아컨설팅 프로그램의 특징

멘토링코리아컨설팅 프로그램은 세계적 멘토링의 대가인 미국 하버드대 로체교수, 예일대 레빈슨 교수 등의 이론을 바탕으로 국내최초로 연구 개발하여 제공하고 있는 일대일 핵심인재개발 기법입니다. 멘토링 프로그램은 일대 다수 양적 교육의 문제점을 보완할 수 있는 21세기 핵심인재 개발 및 조직성과 향상을 위한 최적의 한국형 인재개발 프로그램입니다.

조직의 특성과 체질에 맞는 진단을 하고, 효과적인 발전방안을 제시하고 있으며, 장기적인 관점에서 멘토링 계획에 의해 조직의 차세대 리더육성을 현장에서 체계적으로 실천할 수 있도록 돕는 종합 컨설팅 프로그램입니다. 프로그램을 진행할 컨설턴트들은 멘토링과 코칭, 리더십을 동시에 교육할 수 있는 자격을 갖추고, 국내 유수기업 및 공공기관의 멘토링 프로그램 진행의 노하우를 보유하고 있으므로, 향후 도입조직의 멘토링 프로그램 및 촉진 스킬 니즈에 긴밀하게 부응할 수 있습니다.

교육 프로그램 문의

멘토링코리아컨설팅, www.mkc21.co.kr

전화 : 02-733-7551/ E-mail: bsnaa@hanmail.net

프로그램을 도입한 주요조직

1. 기업도입

【그룹】

삼성그룹 계열사

삼성테크윈, 삼성화재, 삼성물산, 삼성전자, 삼성에버랜드 등

현대차그룹 계열사

글로비스주식회사, 현대캐피탈/현대카드, 엠코 등

LG/LS그룹 계열사

LG전자, LG경영개발원, LG인화원, LG실트론, LG이노텍, LS전선,

LS산전 등

SK그룹 계열사

SK주식회사, SK네트웍스, SK텔레콤, SKC화학부문, SK커뮤니케이

션즈 등

두산그룹 계열사

두산식품, 두산메카텍, 두산동아, 두산테크팩 등

한화그룹 계열사

한화증권, 대한생명, 한화유통, 한화석유화학 등

KT그룹 계열사

KT리더십아카데미, KT인재개발원 등

동부그룹 계열사

동부화재, 동부증권, 동부건설, 동부생명, 동부제강, 동부아남반도체, 동부정보기술 등

금융기관

신한은행, 신한카드, 조흥은행, 광주은행, 우리은행, 한국투자증권 등

【 일반기업 】

포스데이타, 동양시멘트, 유한양행, 한라공조, 서울통신기술, 신세계백화점, 대한생명, 나무커뮤니케이션, 웅진씽크빅 ,한진, 벤처타이거, 금호석유화학, 한국서부발전, 현대건설, 주성엔지니어링, 서울아산병원, MBC 문화방송, 신호제지, 롯데건설, 대우자판 건설부문 ,동우화인켐, 신한다이아몬드공업, 대교, 한국수력원자력, 한국전자금융, 삼화페인트, 대명레저산업, 풍림산업, STX Pan Ocean, 여천NCC, 한진해운, 한국야쿠르트 등

2. 공기업 : 중소기업진흥공단, 한국자산관리공사(KAMCO), 국민건강관리공단, 한국철도공사, 한국석유공사, 기술신용보증기금, 대전도시철도공사 등

3. 정부기관 : 행정자치부, 보건복지부, 관세청, 조달청, 교육인적자원부, 정보통신부, 우정사업본부, 경북체신청, 충청체신청, 전남체신청, 전북체신청, 강원체신청, 국립농산물품질관리원 등

4. 지방자치단체 :서울시, 고령군, 단양군, 남원시, 영등포구, 강원도 여성정책개발센터 등

멘토링 프로그램 도입현황

번호	조직명	도입목적	도입년도
1	포스데이타	정착율 향상	2001. 08월
2	삼성테크윈	정착율 향상	2003. 07월
3	유한양행	영업사원능력 향상	2003. 07월
4	두산식품	정착율 향상	2003. 07월
5	두산동아	정착율 향상	2003. 09월
6	한화증권	핵심인재개발	2003. 09월
7	두산주류	정착율 향상	2003. 10월
8	한라공조	멘토 스킬 향상	2004. 02월
9	서울통신기술	정착율 향상	2004. 03월
10	동부화재	정착율 향상	2004. 04월
11	신세계백화점	정착율 향상	2004. 04월
12	SK(주)	정착율 향상	2004. 04월
13	신한은행	멘토양성	2004. 04월
14	LG전자	정착율 향상	2004. 05월
15	두산테크팩	정착율 향상	2004. 06월
16	대한생명	영업력 향상	2004. 06월
17	한진	정착율 향상	2004. 07월
18	동부건설	정착율 향상	2004. 09월
19	(주)KT	멘토양성	2004. 09월
20	삼성전자	능력개발 지도관찰	2004. 11월
21	LG실트론	정착율 향상	2004. 12월
22	주성엔지니어링	정착율 향상	2004. 12월
23	현대차그룹 글로비스	정착율 향상	2005. 01월
24	한국철도공사	업무능력 향상	2005. 01월
25	동부생명	정착율 향상	2005. 02월
26	삼성에버랜드	정착율 향상	2005. 02월
27	금호석유화학	정착율 향상	2005. 02월

28	서울아산병원	업무능력 향상	2005. 03월
29	SK네트웍스	정착율 향상	2005. 03월
30	**조흥은행**	**업무능력 향상**	**2005. 03월**
31	광주은행	업무능력 향상	2005. 03월
32	SK텔레콤	정착율 향상	2005. 03월
33	한국석유공사	정착율 향상	2005. 03월
34	LS전선	업무능력 향상	2005. 03월
35	기술신용보증기금	업무능력 향상	2005. 03월
36	롯데건설	업무능력 향상	2005. 04월
37	MBC문화방송	업무능력 향상	2005. 04월
38	SKC화학부문	업무능력 향상	2005. 04월
39	신호제지	정착율 향상	2005. 04월
40	서부발전	정착율 향상	2005. 05월
41	우리은행	멘토양성	2005. 05월
42	현대건설	정착율 향상	2005. 05월
43	나무커뮤니케이션	업무능력 향상	2005. 05월
44	웅진씽크빅	정착율 향상	2005. 05월
45	고령군	멘토양성	2005. 06월
46	LS산전	정착율 향상	2005. 06월
47	대우자판 건설부문	업무능력 향상	2005. 06월
48	동우화인캠	멘토양성	2005. 06월
49	신한다이아몬드공업	멘토양성	2005. 07월
50	단양군	업무능력 향상	2005. 07월
51	동부제강	정착율 향상	2005. 07월
52	행정자치부	업무능력 향상	2005. 08월
53	한화석유화학	업무능력 향상	2005. 08월
54	진성토건	정착율 향상	2005. 08월
55	관세청	스킬 향상	2005. 09월
56	정보통신부	멘토양성	2005. 09월
57	한국수력원자력	업무능력 향상	2005. 09월

58	교육인적자원부	멘토양성	2005. 09월
59	영등포구	업무능력 향상	2005. 09월
60	보건복지부	멘토양성	2005. 10월
61	한국전자금융	업무능력 향상	2005. 10월
62	강원여성정책개발센터	멘토양성	2005. 10월
63	대전도시철도공사	업무능력 향상	2005. 10월
64	조달청	멘토양성	2005. 10월
65	경북체신청	업무능력 향상	2005. 11월
66	충청체신청	업무능력 향상	2005. 11월
67	대명레저산업	업무능력 향상	2005. 11월
68	전남체신청	업무능력 향상	2005. 11월
69	삼화페인트	업무능력 향상	2005. 11월
70	전북체신청	업무능력 향상	2005. 12월
71	강원체신청	업무능력 향상	2005. 12월
72	보은군	업무능력 향상	2005. 12월
73	한국투자증권	멘토양성	2005. 12월
74	풍림산업	업무능력 향상	2005. 12월
75	국립농산물품질관리원	업무능력 향상	2005. 12월
76	신한카드	업무능력 향상	2006. 01월
77	현대차그룹 엠코	업무능력 향상	2006. 01월
78	남원시	업무능력 향상	2006. 01월
79	STX Pan Ocean	업무능력 향상	2006. 02월
80	SK커뮤니케이션즈	업무능력 향상	2006. 02월
81	여천 NCC	업무능력 향상	2006. 02월
82	동부정보기술	업무능력 향상	2006. 02월
83	한진해운	업무능력 향상	2006. 02월
84	LG이노텍	업무능력 향상	2006. 02월
85	한국야쿠르트	업무능력 향상	2006. 02월

주요 교육 프로그램

과정명	교육시간	교육대상	인원	비고
도입과정	20시간	멘토/멘티	20쌍	3일 과정(심화)
도입과정	8시간	멘토/멘티	20쌍	1일 과정(단축)
도입특강	2~4시간	임직원(전원)	무제한	멘토링을 통한 구성원의 행복과 조직의 성과 향상
스킬 향상과정	4~8시간	멘토/멘티	20명	8가지 스킬 향상 과정 중 선택
코디네이터 과정	16시간	추진팀장 추진팀원 모니터요원	6명	사내 멘토풀 운영능력 향상
맞춤과정	4~20시간	고객사의 수요와 요청에 따라 멘토링에 관한 맞춤교육 시행.		

▷ 멘토링 도입 과정 – 8시간

구분	내용
교육대상	멘토, 멘티
교육목적	멘토링 프로그램에 참가하는 멘토, 멘티에게 멘토링의 목적과 과정을 이해시키고, 성공적으로 멘토링을 진행할 수 있는 스킬과 도구를 제공함.
기대효과	멘토링의 개념과 목적을 이해할 수 있다. 멘토링의 추진 프로세스와 멘토, 멘티의 역할을 이해할 수 있다. 멘토링 핵심 스킬(8가지)의 이해와 실습으로 스킬이 향상된다. 멘토링 성공 도구 활용법을 익혀 사용할 수 있다.

모듈	모듈명	세부내용	시간	학습방법
1	멘토링 원리 (OPENING)	멘토링의 이해(60') 멘토링의 국내외 성공사례(20') 멘토링 FAQ(20') 우수 멘토의 특징(20')	2	설명 사례학습 설명 설명, 실습
2	멘토링 연결/역할 (MATCHING)	Lynchpin Game – 성격/학습 유형 찾기(60') Star Game – 가치개발(30') Brain Game – 실천방안 찾기(30')	2	실습 실습 실습

3	멘토링 핵심 스킬 (GROWING) .	멘토링 스킬 8가지(30')	2	설명
		멘토링 에티켓/퀴즈(30')		사례학습
		멘토링 스킬 실습 A(30')		실습
		멘토링 스킬 실습 B(30')		실습
4	멘토링 심화 스킬/실천 (ENJOYING)	멘토링 심화 스킬(50')	2	설명, 실습
		멘토링 성공도구(10')		설명, 실습
		멘토링 실천결의 및 발표(60')		실습

▷ 멘토링 스킬 향상 과정 – 8시간

구분	내용
교육대상	멘토,멘티
교육목적	멘토링 도입교육을 받고 멘토링에 참가하고 있는 멘토, 멘티에게 멘토링 활동을 더욱 성공적으로 할 수 있도록 멘토링 핵심 스킬 진단, 필요한 스킬 향상 학습 및 멘토링 도구활용법을 익힌다.
기대효과	멘토링 활동 경험을 공유할 수 있으며, 멘토링 코칭 스킬을 활용할 수 있다. 멘토링의 추진 프로세스와 멘토, 멘티의 역할을 재점검하여 활성화 할 수 있다. 멘토링 핵심 및 심화 스킬을 실습하여 멘토링 코칭 스킬이 향상된다. 멘토링 성공 옵션 도구 활용법을 익히게 된다.

모듈	모듈명	세부내용	시간	학습방법
1	멘토링 핵심 스킬	도입(20')	4	설명
		멘토링의 최신 동향(40')		설명, 비디오
		〈나의 멘토링 경험〉(60')		토의
		멘토링 핵심 스킬(경청 스킬)〈질문 스킬〉〈피드백 스킬〉〈멘토링 촉진 스킬〉〈기타〉 중 택일(60')		실습
		성공 멘토링 4대 기본 도구 재점검 멘토링 핵심 스킬 실습 B(60')		실습
2	멘토링 심화 스킬	멘토링 코칭 스킬 SPEDA 모델의 이해(60')	4	설명, 토의
		멘토링 코칭 스킬 SPEDA 모델실습 및 활용(150')		설명, 실습
		마무리(30')		설문

▷ 멘토링 코디네이터 과정 – 16시간

구분	내용
교육대상	추진팀장, 팀원, 모니터요원
교육목적	멘토링 프로그램을 도입하려고 하는 회사(기관)의 추진팀이 멘토링 프로세스의 설계, 실행, 평가의 전과정을 학습하여, 성공적으로 멘토링 프로그램을 추진할 수 있도록 한다.
기대효과	멘토링의 개념과 목적, 프로세스를 이해할 수 있다.멘토링 프로세스를 설계, 실행, 평가할 수 있게 된다. 멘토링 프로세스 세부 요소별로 실습에 의해 핵심추진 스킬을 습득한다. 멘토링 성공전략과 장애요소를 확인하게 된다.

모듈	모듈명	세부내용	시간	학습방법
1	멘토링이란 무엇인가	도입(30′) 멘토링의 이해(60′) 국내외 사례(30′) 감동의 심포니(30′) 내가 만난 멘토들(90′)	4	소개 설명 설명 비디오시청 실습
2	멘토링 프로세스 설계	멘토링 프로세스 개요(60′) 프로세스 설계 체크리스트(30′) 매뉴얼 작성요령(30′) 멘토링 활동도구(120′)	4	설명 설명 실습 설명, 실습
3	멘토링 프로세스 준비/점검	조직환경분석(30′) 사내홍보(30′) 멘티 직속상사 역할(30′) 멘토, 멘티 선발/연결(150′)	4	설명, 실습 설명, 토의 설명 설명, 실습
4	멘토링 프로세스 실행/평가	멘토, 멘티 개발(30′) 멘토링 핵심 스킬(120′) 멘토링 에티켓/퀴즈(30′) 멘토링추진 유의사항(30′) 평가(30′)	4	설명, 토의 설명, 진단, 실습 진단, 실습 설명, 토의 설명, 토의

멘토링코리아컨설팅 소개

멘토링코리아컨설팅은 한국형 멘토링 프로그램을 연구·개발하여 제공하고 있으며, 기업현장실무 및 교육컨설팅 경험을 가진 유능한 컨설턴트들로 구성된 한국최고의 멘토링컨설팅 전문가 그룹이다.

KI신서 774

멘토가 **신바람**을 일으킨다

1판 1쇄 발행 2006년 2월 23일
1판 8쇄 발행 2012년 11월 10일

지은이 나병선, 황동조, 유수정
펴낸이 김영곤 **펴낸곳** (주)북이십일 21세기북스
부사장 임병주
출판사업부문 총괄본부장 주명석 **기획 · 편집** 김성수
마케팅영업본부장 최창규 **마케팅** 김현섭 최혜령 김다영 강서영 **영업** 이경희 정병철 박용희
출판등록 2000년 5월 6일 제10-1965호
주소 (우 413-120) 경기도 파주시 회동길 201(문발동)
대표전화 031-955-2100 **팩스** 031-955-2151 **이메일** book21@book21.co.kr
홈페이지 www.book21.com **21세기북스 트위터** @21cbook **블로그** b.book21.com

값 12,000원
ISBN 978-89-509-0842-3 13320